中国新媒体产业国际竞争力研究

鞠立新 著

人民出版社

序

21世纪以来,国际新媒体产业日新月异,已经成为最有活力、最有前景的产业之一。它日益改变着人们的生活方式,甚至影响着世界传播新秩序的建构。我国在宏观政策上也逐渐加大了对新媒体产业的支持力度,将其作为国民经济的重要组成部分。但是,由于我国新媒体产业发展起步较晚,与发达国家新媒体产业在发展质量方面相比仍有较大差距,当前亟需解决国际竞争力不够的现实问题。在上述背景下,梳理国际新媒体产业发展趋势,研究国际竞争力基本理论,并对中国新媒体产业的国际竞争力进行评估,查找我国当前面临的短板问题,寻找解决之道,这对我国新媒体产业发展及竞争力提高具有重要意义。

鞠立新是我的学生,2009年起跟我攻读经济学博士学位。她当时的学位论文选题就是新媒体产业国际竞争力,经过几年扎实的研究,她在博士期间对这一领域的研究已经非常系统了,先后就这一主题发表了多篇研究成果,其中一篇成果《新媒体产业发展的现状与对策》还被《新华文摘》全文转载。进入中国传媒大学工作以后,她又进一步针对这个领域的最新情况进行研究。鞠立新博士有自己的学术理想与追求,工作勤勤恳恳,是我愿意推荐出版本书的重要原因。

这本书是国内这一领域为数不多的专著,具有很强的实用价值,特别是以下几方面的工作值得肯定。第一,本书系统梳理了国外新媒体产业的发展情况,包括美国的情况、欧洲的情况、亚洲的情况等,对初学者了解国际发展趋势并把握未来发展方向大有裨益。第二,本书对新媒体产业国际竞争力的内涵进行了全面阐述。国内外学术界尚缺乏对新媒体产业国际竞争力的规范定义,本书建立了一个理论分析框架,并从基础竞争力、核心竞争力、环境竞争力等维度,提炼出了影响国际竞争力的若干重要内涵,并进一步指出了我国在这些内涵方面存在的问题及改进对策。第三,本书对中国新媒体产业国际竞争力水平进行了有效评估。本书对著名竞争战略专家迈克尔·波特的竞争力理论进行扩展，从新进入者威胁、替代品或服务威胁、买方砍价能力、供应商砍价能力以及与现有企业之间竞争等五个方面，构建了中国新媒体产业国际竞争力评价指标体系，进而运用综合评价方法进行了实证研究，认为中国新媒体产业存在产业结构不合理、规模经济利用不充分等问题。第四，本书从更宏观的维度考虑了新媒体产业的发展对传统媒体产业、对其他产业以及对宏观经济的影响。新媒体产业与传统媒体产业不只是相互替代的关系，应重视两者在发展中的相互促进作用。同样地，新媒体产业对其他产业及宏观经济也有重要的积极促进作用。本书对这些方面的探讨有助于我们更加认识新媒体产业发展的重要性。

　　尽管本书做了较为全面的研究，但如何解决制约国内新媒体产业发展的问题仍值得持续研究。首先，当前中国新媒体产业仍处于较为粗放式发展的阶段。由于在技术、渠道、品牌等核心竞争力方面重视不够，导致很多企业产品面临同质化严重、技术含量低、研发投入不够等问题。目前国内正在推动经济向高质量发展，原有发展模式的弱点逐渐暴露，行业发展需要及时转型。其次，新媒体产业发展需要科技发展为依托。科技不是新媒体产业的辅助性工具，而是新媒体产业发展的重要依托，新媒体产业从生产、传播到消费各环节都与技术密切相关。近年来，我国在若干领域的科技运用已走在世界前列，这恰为新媒体的科技运用提供了良好机遇。最后，中国新媒体产业发展要厘清政府管理职能，并完善政策法律体系。国家需要通过政策法律体系助推新媒体产业发展，界定清楚政府和市场在产业发展中的边界。我国目前已经制定行业发展顶层设计，还需要更为明确的中长期战略规划。在我国国情下，政府如何在规范行业发展的同时做到不过界，也是未来需要探索的课题。

张建华
2019 年 9 月 9 日

　　（张建华，华中科技大学经济学院和张培刚发展研究院院长，"华中学者"领军岗教授、博士生导师，湖北省人文社会科学重点研究基地"创新发展研究中心"主任。）

目　　录

第1章 导　　论

　　截至 2018 年 6 月末，中国互联网络信息中心（CNNIC）发布的《第42 次中国互联网络发展状况统计报告》显示，我国网民规模高达 8.02 亿户，渗透率达到 57.7%，互联网普惠化成果显著。同时，网民的上网方式发生了非常大的变化，利用手机上网的人数达到 7.88 亿户，网民中使用手机上网的人群占比由 2007 年的 24% 提升至 2018 年 6 月的 98.3%，远远超越 PC 互联网网民。与此同时，我国网民每周上网的时长也有所增长，从2010 年的 18.3 小时增长到 2018 年 6 月的 27.7 小时。由此可知，网络生活构成了我国民众的重要生活空间。

　　计算机网络技术的普及和进步积累出的巨量网络规模以及网络生活时长，催生了包括门户网站、搜索引擎、BBS 论坛、博客、播客、社交网站、门户网站、新闻网站、电子商务网站、视频网站、网络社区、MSN、微博、互联网电视等网络媒体，以及短信彩信、手机报纸、手机期刊、手机图书、微信等手机媒体在内的各类新型媒介形式不断涌现，并十分密切地嵌入网民的日常生活之中，成为其获取信息的重要渠道，由此为新媒体产业的产生与发展提供了关键动力。回顾新媒体的发展历程，不难发现，正是互联网催生了新媒体的发展，新媒体产业与互联网也愈来愈密切地交融在一起。2001 年开始，新华网、央视网、凤凰网等各大网站纷纷改革完善，网络新闻频频引发广泛关注，特别是引入突发新闻报道及网上直播，网络媒体的信息传播速度优势和社会责任得到了社会广泛认同。紧接着，搜索引擎的逐渐成熟开启了信息聚合的时代。2005 年开始，博客、视频分享网站等应运而生，信息生产不再是精英们的专利，草根亦开始具备媒体性质的话语权。以网络技术为基础，新媒体产业的形态不断多元化。新媒体除了具有报纸、电视、电台等传统媒体的发布传播功能外，还具备以即时、交互、延展和融合为重要特征的功能。互联网用户成为信息的接收者，也成为信息的提供和发布者，进而成为媒体的消费者和生产者。最终形成了以数字技术为基础、以网络为载体的形式进行信息传播的新媒体产业。

正因为新媒体具备的诸多优势，新媒体产业在我国出现了迅猛发展。清华大学新闻与传播学院发布《传媒蓝皮书：中国传媒产业发展报告（2018）》指出，2017年我国全年传媒产业总值达18966.7亿元，较2016年同比增长16.6%，超过当年GDP增长率2倍之多。自2013年总产值突破万亿元大关以来，已连续5年维持10%以上的快速增长。新兴媒体对整个传媒业的发展起到重要推动作用，数据显示2017年移动互联网的市场份额接近一半，传统媒体总体规模仅占1/5，其中报刊图书等平面媒体的市场份额不到6%。互联网广告和网络游戏已成为传媒产业中的支柱行业，网络视频、手机游戏、数字音乐与数字阅读是增长潜力最大的细分市场，这些内容付费业务成为新的关注热点。

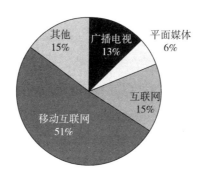

图1.1　2017年我国传媒行业的产业结构

图1.1给出了2017年我国传媒细分行业收入数据。传统媒体行业中广播电视广告收入首次负增长，报刊广告和发行收入继续"双降"，其中报纸广告市场的跌幅超过了30%，而图书和电影虽然保持两位数增长，但其规模相对较小。传统媒体普遍面临着较大的发展危机。与此同时，网络广告市场规模超过3800亿元，网络游戏收入首次突破了2000亿元，网络视频市场规模也接近1000亿元，并以30%的速度快速增长，网络广告、网络游戏、网络视频成为拉动传媒产业发展的三大动力。市场份额最高的网

络广告收入已达到 2010 年的 9.1 倍。总体来看,移动互联网超过了传统互联网的市场规模,移动广告占网络广告市场规模的比例达到 69.2%,甚至超过了传统媒体广告市场总和。当前,我国新媒体产业已经占据了传媒产业的半壁江山。伴随手机用户和移动广告占比的持续提高,将形成新媒体产业继续高歌猛进的态势。

应该说,对于世界各国而言,新媒体产业都是充满活力的新兴产业,在未来具有广阔的经济前景。此外,新媒体产业的发展与知识资本以及综合国力紧密结合。目前来看,发达国家借助于其技术上的领先地位,在利用新媒体产业的优势传播其文化价值观念。就此而言,新媒体产业具备重大的战略意义。一国的兴衰成败,硬实力十分重要,但软实力也不容忽视。与迅速壮大的硬实力相比,中国的软实力仍然较弱,尤其是文化软实力与发达国家差距较大。制约文化软实力提升的首要问题是中国的文化产业发展十分滞后。根据相关数据,中国文化产业占国内生产总值的比重偏低,远低于西方发达国家 10% 以上的水平。文化创意产业是战略性新兴产业,而新媒体产业又是文化创意产业的支柱产业。因此,要采取政策措施大力扶持新媒体产业发展。

我国已相继出台了一系列政策措施来推进新媒体发展和加速新媒体的产业化进程。2006 年,根据《国民经济和社会发展第十一个五年规划纲要》,中共中央办公厅、国务院办公厅颁布了《"十一五"时期文化发展规划纲要》,这是新中国成立以来第一个由中央制定的专门部署文化建设的规划纲要。在其中,国家已经把数字化出版与传播作为传媒业现代化的重点之一,为新媒体产业发展提供了很好的制度供给和政策保障。纲要提出,要"发展手机网站、手机报刊、IP 电视、移动数字电视、网络广播、网络电视等新兴传播载体","积极发展以数字化生产、网络化传播为主要特征的数字内容产业。积极发展网络文化产业,鼓励扶持民族原创的、健康向上的网络文化产品的创作和研发,拓展民族网络文化发展空间",提出"鼓励自主研发数字内容、数字传播、数字服务终端的产品和装备,开发数据处理、存储、传输、下载、适用互动等数字出版的增值业务,扩大数字出版的产业群体"等。国家有关部门相继出台了《关于推动我国动漫产业发展若干意见》《信息网络传播权保护条例》，鼓励新媒体产业发展和加强网络著作权保护。2007年，为培育新的文化业态，国家发改委等部门出台了《关于鼓励数字电视产业发展若干政策》。2008年，我国第一次运用新媒体来转播奥运会，这也是对版权保护的一个全新的挑战。北京奥运会期间，通过互联网观看奥运比赛的人数第一次超过了传统媒体——电视。按照一般定义，当传媒在受众中的影响力超过20%，就可以称之为主流媒体。从这个角度来讲，新媒体已经毫无争议地成为中国的主流媒体。2009年7月，国务院出台《文化产业振兴规划》，特别强调要加快数字内容、动漫等新媒体产业的发展，进一步提高了新媒体产业的战略地位。

在以网络传递为特征的新媒体快速发展时，一些问题也不断暴露。如，很多网站都经历过流量为王、规模至上的阶段，靠打"擦边球"吸引观众的注意力，盗版、情色、暴力等内容充斥其中。为规范新媒体行业在互联网上的运行，2008年，《互联网视听节目服务管理规定》（广电总局、工信部56号令）开始施行。该法规定，从事互联网视听节目服务的网站须取得广播电影电视主管部门颁发的信息网络传播视听节目许可证。之后，广电总局在3月20日和5月1日分别公布了《互联网视听节目服务抽查情况公告》第1号和第2号，给视频网站敲响了警钟。为避免"出局"，各网站纷纷采取措施净化内容，避免因传播违规视频而被"拒之门外"。同时，为避免侵权事件而被"减分"，视频网站纷纷积极推进正版路线，与版权方谋求合作。随后政府一系列的政策的干预进一步提高整个网络行业的门槛，促进了视频网站的规范运作，推动了市场竞争的规范化和新媒体产业的良性发展。

2011年，"十二五"规划提出"培育发展战略性新兴产业；发展新一代信息技术；重视互联网等新兴媒体建设、运用、管理；创新文化生产和传播方式，解放和发展文化生产力，增强文化发展活力"。国家将推动文化产业成为国民经济支柱性产业的重点战略部署，预示着"十二五"时期新媒体产业的重大战略机遇。2011年10月，十七届六中全会通过了《中共中央关于深化文化体制改革、推动社会主义文化大发展大繁荣若干重大问题的决定》，提出"实施网络内容建设工程""制作适合互联网和手机等新兴媒体传播的精品佳作，鼓励网民创作格调健康的网络文化作品""打造一批在国内外有较强影响力的综合性网站和特色网站""发展网络新技术新业态，占领网络信息传播制高点""推进电信网、广电网、互联网三网融合，建设国家新媒体集成播控平台，创新业务形态，发挥各类信息网络设施的文化传播作用，实现互联互通、有序运行"，为加速新媒体产业的发展繁荣指明了方向。这一时期集中体现了重视互联网及三网融合等新媒体发展方向。

2014 年 8 月 18 日，中央全面深化改革领导小组第四次会议审议通过了《关于推动传统媒体和新兴媒体融合发展的指导意见》（以下简称《意见》）。着力打造一批形态多样、手段先进、具有竞争力的新型主流媒体，建成几家拥有强大实力和传播力、公信力、影响力的新型媒体集团，以适应媒体格局深刻变化、提升主流媒体传播力公信力和舆论引导能力，《意见》对新形势下如何推动媒体融合发展提出了明确要求，强调通过融合发展，使我们的主流媒体科学运用先进传播技术，增强信息生产和服务能力，更好地传播党和政府声音，更好地满足人民群众的信息需求。2017 年 4 月，《文化部"十三五"时期文化产业发展规划》指出，"十三五"时期是我国全面建成小康社会的决胜阶段，也是推动文化产业成为国民经济支柱性产业的决定性阶段，应当大力开发适宜互联网、移动终端等载体的数字文化产品，促进优秀文化产品多渠道传输、多平台展示、多终端推送。2017 年 9 月，广电总局发布《新闻出版广播影视"十三五"发展规划》，提出了提升舆论传播力、引导力、影响力、公信力，全面升级公共文化服务、显著增强经济拉动作用，推动战略和数字化转型等六项发展目标，并强调了坚持传统媒体与新媒体同频共振、支持传统新闻出版单位与新媒体企业合作、加快发展新媒体新服务产业等相关工作要求。

在国家全面推进文化产业发展的同时，新兴媒体监管继续加强，相关法律法规陆续出台，为新媒体行业的健康生态和可持续发展提供保障。2017 年 6 月，国家网信办修订并发布了《互联网新闻信息服务管理规定》，将新媒体各种形式的互联网新闻信息服务都纳入监管范围之内。在新兴媒体平台及内容监管方面，国家对相关平台进行了精细化的区分及规范，分别出台了针对微博客、互联网用户公众账号、互联网群组、互联网跟帖评论、互联网论坛社区、互联网直播等形式的管理规定，具有新闻评论和社会影响力的信息传播平台也被纳入管理范围。同月，广电总局发布《关于进一步加强网络视听节目创作播出管理的通知》，强调要充分发挥网络视听节目优势，弘扬主旋律、传播社会主义先进文化；大力创作和传播优质精品网络视听节目，不断丰富人民群众的精神文化生活。新媒体也成为传播社会主义先进文化，营造健康积极向上网络文化氛围的重要渠道。

总而言之，不断出台的文化产业政策措施为中国新媒体产业发展提供了有力的政策保障，正促使中国新媒体产业加快适应市场变化和时代发展的需求。

经济全球化背景下，国际竞争进入到新媒体领域。近年来随着互联网的迅速发展，新媒体产业市场规模逐渐壮大，被称为21世纪知识经济的核心产业。目前，世界各国的新媒体产业发展参差不齐，形成不均衡的竞争格局。相比之下，经济发达国家的新媒体产业发展强势，而我国新媒体产业缺乏国际竞争力，未对国民经济形成有效贡献。新媒体产业是因特网信息技术为媒体经济带来的一场革命。其中，电视、报刊、广播、通讯社等媒体将在先进的信息技术基础上进行产业内融合，同时形成全新的产业群。这些新型产业的影响力和辐射力在不断增强。目前，新媒体产业在全球经济中的地位日益提高，已成为新的增长点以及部分国家的支柱产业。新媒体产业具有强大的联动效益，具有推动产业结构调整与升级的功能。我国面临新媒体产业结构调整与优化，要抓住发展契机，利用新媒体产业发展的后发优势，促成产业结构调整，有效提高新媒体产业竞争力和文化软实力，促进我国文化建设和经济社会全面发展战略目标的实现。那么，如何提高我国新媒体产业国际竞争力也就成为摆在我们面前的一项紧迫课题。

2011年10月，《中共中央关于深化文化体制改革推动社会主义文化大发展大繁荣若干重大问题的决定》提出，加快新媒体产业发展成为国民经济支柱性产业和国家战略重要组成部分之一，并将新媒体产业提高到国家战略的高度，从全球化的视角进行考量。现阶段，新媒体产业已成为我国传媒产业领域的新生力量，越来越成为我国网民表达观点、主张和情感的重要途径之一。其产业发展是文化产业的新形态，必将成为我国政策扶持重点。我国现阶段新媒体产业的发展还处于探索阶段，机遇与挑战并存。一方面，我国经济快速发展，国家综合实力增强，国际影响力也与日俱增，为新媒体产业发展迎来了一个难得的黄金期。新媒体产业被提高到国家战略的高度，党和政府都高度重视新媒体产业的发展，相应地出台了一系列政策措施，为新媒体产业发展提供了制度环境保障。另一方面，"中国热""中华文化热"成为全球新一轮文化现象，为我国新媒体产业发展提供了好的国际环境。

借助于一系列的产业政策，我国新媒体产业正处于快速发展期。广阔的市场、日渐增强的影响力正吸引资本大规模流入，同时国际化竞争加剧，整体产业发展向纵深挺进。但是，我国新媒体产业还处于发展初期，在规模与内核方面还相当弱小，与发达国家相比还有差距。而且发展过程中遇到一些新的问题，如果解决不好会影响新媒体产业的发展壮大及其国际竞争力。我国新媒体产业的国际竞争力与其他国家相比存在着明显的差距，放眼全球，新媒体产业市场的国际化、全球化、多元化趋势增强。具体而言，我国新媒体产业的兴起始于 2004 年、2005 年左右，在起步中面临规范不力、制度不健全的境况，出现了监管不力、市场无序的状态，其中典型的是网络环境（电脑端和移动端）和版权问题，如各类情色以及不良信息不断在网络滋生、网站运营不规范、内容侵权事件不断发生。但随着政策法规的完善，这类问题逐步得到解决和完善。网络及与其紧密相连的新媒体产业逐步进入健康有序的发展阶段。

《中国传媒国际竞争力研究报告》的总报告通过对中国传媒规模、结构、竞争力等方面的统计分析，发现中国传媒业的国际竞争力呈现以下特点：出口规模高速增长、传媒贸易顺差增长快、传媒整体国际竞争力持续增强但只达到国际平均水平、传媒核心产品与服务出口份额低、传媒产品的国际竞争力增幅逐年下滑等，可谓"三喜三忧"。换言之，中国传媒整体规模很大，但是竞争力水平不高。具体分析，中国传媒产品竞争力强，但增长幅度小。中国新传媒服务竞争力弱，但增长幅度大。

与国外新媒体产业相比，我国新媒体以海量信息而自誉，但存在着信息泛滥与同质化现象，新媒体的基本职责本应是信息处理及提供准确、有深度的内容，当前我国新媒体行业往往缺乏新闻整合的经验，更谈不上独立采编制作新颖内容。当下，信息同质化问题严重，不少企业跟风模仿。例如，近些年来我国发展红火的楼宇电视目前遇到了发展瓶颈。在分众传媒盈利的大背景下，众多的企业纷纷涌入这一行业，无视分众传媒的发展规律，认为只要多在一栋楼里装上电视接收设备，就多一个生钱之道。行业的无序竞争导致了楼宇电视媒体品牌的识别度与区分度下降，进而影响到客户利用分众传媒发布自己产品广告的信心，其结果是大多数新媒体不能够盈利，陷入了融资购置电视接收器抢占新的楼宇、缺少客户在融资抢市场的不良发展怪圈。

经济全球化意味着国际市场与国内市场打通，企业可以直接相对自由地在国际市场上进行竞争。毫无例外，新媒体竞争也成为国际竞争的重要领域，以新媒体为基础的"软实力"成为国际竞争的重要方面。我国新媒体产业当今面临的国内与国际市场已经融为一体。新媒体产业的稳定和发展也是一个国家稳定和发展的基础，为此，各国政府把新媒体产业发展作为重要的目标与任务加以推动，致使国家间新媒体产业的较量也日益加剧。产业的竞争力主要体现在国际竞争力上，相比较而言，发达国家面临资本、贸易、市场的激烈竞争，而发展中国家则进行着打破发达国家经济垄断和壁垒的本国经济的保卫战。基于此，本书的研究将运用现代经济学原理、产业经济学以及竞争力理论的最新研究成果，对中国新媒体产业现状进行分析，找出制约我国新媒体产业发展的因素，提出增强我国新媒体产业国际竞争力的对策。

第 2 章　中外新媒体产业发展现状

迄今为止，国内外学术界尚未形成一个统一的关于新媒体的通用定义。国际社会对新媒体产业国际竞争力的界定，也处在研究探索阶段。综观世界，各国都在积极地进行新媒体产业国际竞争力的实践与探索。从某种程度上讲，新媒体产业是一种注意力经济行为，技术发展使得信息发布者的身份模糊以及多元的利益诉求消解了权力的控制。尽管对于"什么是新媒体"，国内外的学者对其解释五花八门，但在核心意义上都基于一个共识，即新媒体是新的技术支撑体系下出现的媒体形态。包含 BBS、博客、播客、手机、QQ、RSS、数字电视、移动电视、交互式网络电视（IPTV）等已经出现和正在出现的各种媒介新形式。

简而言之，媒体的"新"与"旧"是相对的概念。新媒体是相对于传统意义上的报刊、广播、电视这些大众传播媒体而言，因此，新媒体是随着传播新技术的发展而产生的新型传播媒体，是利用数字技术、网络技术等渠道，利用电脑、手机、数字电视等终端，向客户提供信息和娱乐服务的传播形式。那么，新媒体产业的主要细分行业都有哪些呢？本书根据世界各国对新媒体产业的划分情况，结合我国新媒体产业发展的实际状况，选取了网络、IPTV、手机媒体三个产业作为研究新媒体产业的主体行业。新媒体催生新型产业模式的共识，为新媒体产业发展提供了理论基础。作为文化创意产业的主要内容，新媒体产业位于文化创意产业的高端，是文化创意产业、信息产业、传媒产业相融合的一种新型的产业形态。可以说，新媒体产业是涵盖了尖端科技和人性化体验的新兴产业，具有典型的零散型产业形态。本章将从国家角度对国内外新媒体产业的发展状况进行比较分析。

2.1 新媒体产业概念起源及演进

"新媒体"（New Media）一词最早出现于美国哥伦比亚广播电视网（CBS）技术研究所的商品开发计划（1967 年），用于概括新技术催生出的媒介传播形式。随后，这个词汇多次出现于 1969 年美国传播政策总统特别委员会主席向尼克松总统提交的报告书中。由此，借助于这一词汇的凝练与新媒介形式的丰富，新媒体一词在美国流行起来，并跟随着新媒介技术的扩散在全世界得到使用。但是，新媒体最初作为概括某种新事物而出现，当时没有确切的定义，因此导致到目前为止，国内外专家作出了不同的定义，并且时有分歧。但沿着时间轴可以看出，新媒体的定义在逐步完善，其界定也在逐步清晰。早期，联合国教科文组织将新媒体简短地定义为网络媒体，具体而言，是以数字技术为基础、以网络为载体进行信息传播的媒介。清华大学熊澄宇教授进一步深挖了新媒体的定义，认为新媒体是建立在计算机信息处理技术和互联网基础之上，发挥传播功能的媒介总和。它不仅具备传统媒体（报纸、电视、电台等）的功能，同时具备鲜明的交互、即时、延展、融合的新特征。也就是说，对于新媒体而言，互联网用户不再是单纯的信息接收者，也可以扮演信息的提供和发布者。由此，新媒体涵盖了数字化、互联网、发布平台、编辑制作系统、信息集成界面、传播通道和接收终端等要素，不再从属于单一维度的大众媒体范畴，全方位、立体化地融合了大众传播、组织传播和人际传播功能，达到全面影响社会生活的状态。同时，中国传媒大学黄升民教授将新媒体直接划分为 IPTV、地面移动电视、手机电视三大部分，学者宫承波则阐述了新媒体的内涵，认为门户网站、搜索引擎、虚拟社区、电子邮件、网络文学、网络游戏应从属于新媒体。关于新媒体的概念，清华大学新闻与传播学院新媒体研究中心给出了如下的界定：所谓的"新媒体"，是相对"旧媒体"的概念。伴随着媒体发生和发展，"新媒体"也在不断变化，如广播相对报纸算是新媒体，电视相对广播亦是新媒体。作为信息的传播媒介，媒体自出现以来大致经历如下几个发展阶段：报纸刊物、广播、电视、互联网、移动网络。今天我们所谈到的新媒体通常是指在计算机信息技术基础上出现和产生的媒体系统和形态，包括上述提到的互联网和移动互联网两个发展范畴。具体而言，新媒体可以看成是基于计算机技术、通信技术、数字广播等技术，通过互联网、无线通信网、卫星、数字广播电视网等渠道，以电脑、电视、手机等设备为终端的媒体形态，如基于互联网的网络视频、博客、播客、视客、群组、其他类型的网络社区，基于数字广播网络的手机电视、公交电视，基于无线网络的手机 WAP 等都是当下常见的新媒体形式。

由此可知，新媒体概念处在动态变化之中。随着新媒体产业布局的日渐清晰，不同的新媒体或许存在界定不明确或内涵宽泛的问题，但这一定义的关键内核逐步显现。中国人民大学新闻学院教授匡文波关于厘清新媒体的定义做了进一步的论断。他认为，"新媒体"是一个通俗的说法，严谨的表述是"数字化互动式新媒体"。从技术上看，"新媒体"是数字化的；从传播特征看，"新媒体"具有高度的互动性。与传统媒体相比，新媒体一般具有如下的特征：即时性、开放性、个性化、分众性、信息的海量性、低成本全球传播、检索便捷、融合性等。但新媒体的本质特征是技术上的数字化、传播上的互动性。因此，楼宇媒体、车载电视因其缺乏互动性，不属于"新媒体"的范畴。如前所述，"新媒体"是一个时空相对的概念，其内涵会随着传媒技术的时空变化而有所变迁。但从人类传播史的角度而言应是一个时代范畴，这就要求新媒体定义中的"新"当是特指"今日之新"，而非"昨日之新"或"明日之新"。从时间维度来看，不应当以"昨日之新"作为标准界定新媒体，20 世纪初广播、电视均是当时新出现的媒体，但现在则属于传统媒体。此外，我们更无法以"明日之新"作为标准界定新媒体，否则目前就不存在新媒体。从空间维度来看，"新媒体"的"新"应以国际标准为依据。这就导致可能存在发达国家早已有之，而国人刚刚接触的"新"的媒体形式，如车载移动电视，就不应该作为"新媒体"。匡文波教授基于新媒体的本质特征进一步辨析，强调并非新出现的媒体都可以称为新媒体，例如：有人用自行车身，甚至额头作为广告媒体，但是却不能称为新媒体，只能称为新出现的传统媒体。数字电视是否属于新媒体的分析要慎重。在现阶段，国内所推广的数字电视，只是增加了电视频道、提高了清晰度，但依然缺乏互动性，如视频点播尚不普及。因此，目前数字电视依然不属于新媒体。但是，随着技术的进一步发展，电视将如同手机的演化一样，未来的电视会成为电脑的一种类型，在不久的将来，具有了互动性的数字电视将成为新媒体的新成员。他进一步梳理了新媒体的外延，认为新媒体包括网络媒体、未来的互动式数字电视和手机媒体。网络媒体则涵盖了搜索引擎、网络电视 IPTV、网络报纸期刊、博客、播客、微博以及社交网站、门户网站、新闻网站、电子商务网站、视频网站、网络社区等。而手机媒体则包括短信彩信、手机报纸期刊、手机图书、手机电视和手机微博等。基于此，匡文波教授将新媒体定义为借助于计算机（或具有计算机本质特征的数字设备）传播信息的载体。

在当前社会条件下，新媒体产业主要涉及数字影音、数字出版、数字动漫、数字游戏以及数字体验这五大方向。世界较强的媒体产业，如美国在线、贝塔斯曼、时代华纳、维亚康姆等，将产业的经营范围不断扩展，现在有向新媒体产业和多媒体产业发展的趋势。同时，还将业务范围拓展到娱乐、服饰、玩具、度假旅游等多种样态的产业链中，新媒体产业受到不同投资主体的青睐，表现出了强劲的发展势头。在现代科技影响下，新媒体产业在媒体产业中的比重迅速上升。在发达国家如美国、日本、韩国，新兴媒体产业所占比重尤其高于传统媒体产业。美国十分注重把高新技术应用到文化娱乐业。2004 年迪斯尼公司关闭了其在佛罗里达的最后一个传统手工动画室，标志着美国已经全面进入三维动画时代。《时代周刊》认为，2015 年后，世界已进入数字娱乐信息时代，数字娱乐在美国国内生产总值中将占一半的份额，新技术、新产品将使数字娱乐全面超越传统娱乐方式。日本媒体产业依托数字化信息技术，也已完成了从早期媒体产业向现代媒体产业的转型。

与传统媒体相比，新媒体具有传播速度更快、互动方式更多样、内容形式更丰富等特点。部分新媒体在传播属性上能够实现精准投放、点对点的传播，如新媒体博客、电子杂志等。这极大地丰富便利了信息的分享和传播，同时更易于舆论的引导，如 2008 年"南方特大冰雪灾害"和"北京奥运"、2015 年"巴黎恐怖袭击"等一系列重大事件中，各类新媒体及时传播实时信息，与民众进行有效互动，在凝聚地区民族精神、服务社会和国家工作大局上显示了强大的传播力和影响力。

新媒体产业的特点则可以从三个方面来把握：第一，新媒体产业特别强调技术升级和传播手段更新。例如，美国国会图书馆已发展成美国乃至世界最大的网络信息服务商之一，美国国会图书馆以数据库信息服务为核心，不断拓展业务范围，利润不断攀升，其文化产品形式也日益多样化，不仅包含传统的图书胶片，而且顺应时代发展，推出光盘、网站、数据库等形式，在文献信息服务方面成为竞争力强大的企业之一。第二，新媒体产业强调其作为媒体的新形态，即媒体的载体特质。新媒体产业的发展是顺应信息现代化需求的产物，是时代的必然选择。第三，新媒体产业强调产业结构升级。文化创意产业的发展已经成为一种时代潮流与趋势，媒体产业也需要面临文化创意产业带来的产业结构转型与升级，成长为促进文化创意产业发展的催化剂，不断完善文化产业生态系统。

新媒体产业已是当今最具发展活力与前景的产业之一，它的兴起正日益改变着人们的生活方式，甚至影响着世界传播新秩序的建构。在全球化背景下，对新媒体产业的发展规律及国际竞争力研究在当前显得尤为必要。同时，中国新媒体产业发展只有置身于全球的坐标系中才能更加清醒地认识自身的优势与不足。

2.2　中外新媒体产业发展总体情况

全球经济日益一体化对我国的新媒体产业具有重要影响。因此，研究我国新媒体产业的国际竞争力，需要在国际大背景下进行考察，从我国与国外新媒体产业的比较中获得启示并有所提高。综观发达国家新媒体产业发展特点，新媒体产业的蓬勃发展呈全球化趋势。一些新媒体跨国企业开始在全球进行产业整合，充分利用各国优势资源降低生产成本。当前，新媒体产业发展趋势体现为布局全球化、市场开拓和技术研发创新化、经济规模化、资源集约化、"三网融合"化、竞合一体化、产品功能化等方面。

2.2.1 美国新媒体产业的发展状况

据统计，在2008年的全球金融危机中，美国以谷歌、微软、Facebook等为代表的新媒体产业①基本呈现逆市增长态势。2010年8月，Inc.杂志②评选出美国5000家发展最快的中小企业，其中媒体公司有60家，其中又有89%是以移动通信网、宽带互联网和有线电视网为传播平台的新媒体。

美国新媒体产业凸显出两大特点：有效的新市场开拓和新技术研发。支撑这两大特点的是美国高度发达的商业体系孕育出来的大型企业，以及实力雄厚的高等院校、科研机构和风险投资体系培养出来的大批自由创业者、研究者和中小企业。微软和谷歌是这两大特点的典型受益者。

首先，新兴中小企业在金融危机之后对美国技术研究和经济增长等方面的重要性日益显著，不仅支撑着美国50%以上的国内生产总值，更提供了约70%的新增就业岗位。这些新兴中小企业对于美国经济属性的改变，某种程度上有着重要的影响。美国新媒体产业的发展深刻地体现着其宏观经济结构的变化。新媒体领域正集中涌现出大批极具开拓和创新精神的中小企业。据统计，以美国新媒体中的视频产业为例，大量中小企业快速发展，占据了整个行业65%以上的前期技术研发和市场开拓份额。这不仅是视频产业的显著特征，而且已成为近年来整个美国新媒体产业的显著特征。

其次，美国新媒体产业竞合一体化战略在大型企业之间越来越多地显现。为了在竞争中巩固其垄断地位，微软、谷歌、苹果等美国大型企业，

---

① 本书中的新媒体产业是指以互联网、电信网和有线网等数字化网络为基础，以实时、互动、自由的点对点传播模式为主体，以规模化内容产品的生产与传播为主业的各类经营实体及相关价值链集群体。

② Inc. 是美国目前唯一一份以发展中的私营企业管理层为关注点的主流商业报刊。

更加关注提升研发能力、扩大市场规模、提升资产规模。根据美国商业企业数据库（Business and Company Resource Center）的相关资料（由美国国际数据集团和哥伦比亚大学图书馆提供），在数量巨大、快速成长的中小媒体公司群体中，最具潜力的优质企业，在经过资本市场的资产交易和价值发现后，大都很快被大型乃至巨型企业以并购等方式吞并，成为它们的新鲜血液。苹果、谷歌、微软、Facebook 等公司迅速壮大规模的过程，对那些技术先锋型中小科技公司持续不断地兼并。以谷歌为例，2003 年 2 月，谷歌接管了 Blogger 的所有者 Pyra Labs，这家主导网络日志服务的先锋，改善了谷歌新闻搜索的速度和其搜索相关性的能力；2006 年 10 月，谷歌以 16.5 亿美元收购了 YouTube 影音分享网站；2012 年 12 月，谷歌斥资 1700 万美元收购一家名为 BufferBox 的电商储物服务公司；2013 年 6 月，谷歌正式宣称收购 Waze，Waze 是一家社交地图创业公司，收集实时用户交通数据，帮助司机寻找到达目的地的最快路径。2014 年 7 月，谷歌收购了 Songza，这家音乐流媒体公司使用各种变量来为用户创制自定义播放列表，收购后通过与 Google Play Music 的整合，其"私人订制"功能有效并入了 YouTube 以及其他几个谷歌产品。2016 年 7 月，谷歌收购 Anvato，这是一家兼具视频编码、编辑、出版以及跨平台分发的流媒体平台，由此谷歌进一步拓展了流媒体直播、云端编辑视频、插入广告、处理付费观看及订阅费用等业务，有效增强了视频基础架设施建设。

最后，竞合趋势在美国新媒体产业中表现得淋漓尽致。以市场为主要推动力，追求标准更统一、使用更简单、集成度更高的产品与服务，使技术与服务在更大程度上融合，已成为整个美国新媒体产业的重要发展趋势。其结果就是企业之间既竞争又合作，无论对于用户还是对于新媒体企业来说，这都是最佳选择。在竞争中合作，不仅能够有机融合大量不同企业的技术或市场、减少无谓分化。更重要的是，通过合作自动实现了用户行为的有效持续整合，从而更容易形成良性循环的产业生态环境，有利于所有涉足相同领域的公司扩大市场规模。一方面，"融多于一"能够持续提升产业集中度；另一方面，"化一于多"可以不断拓展产业边界。例如，2010 年 6 月 7 日，苹果宣布在保留"谷歌"作为苹果手机默认搜索引擎的同时，将兼容微软开发的"Bing"搜索引擎。而此前，苹果手机已经能够兼容美国本土"谷歌"和"雅虎"两大搜索引擎。苹果联动谷歌、雅虎和微软的背后，体现的是新媒体的日益重要特性。在网络传播对传统传播模式的冲击越来越明显的现实下，新媒体把用户需求放在第一位，追求用户规模和信息传播量最大化，整合并融会贯通一切现实方式和实现可能。因此，新媒体的传播特点迫使企业在合理竞争的同时，寻求相互之间的互利合作。合作共赢已成为新媒体产业发展的必由之路，而且规模越大的经营主体受这一趋势的现实约束越强。只有能够吸引更多、更强竞争对手相互合作并且在合作中创造出融合度更高、使用更方便的产品与服务的企业，才能拥有更广阔的发展空间。

2.2.2 欧洲新媒体产业的发展状况

欧洲在新媒体发展过程中受到了美国媒介资本及新媒体产业的较大冲击，为规范和引导新媒体产业的发展，欧洲制定了一系列法律和法规，如"欧洲电影遗产"法案、"网络电影宪章"、"电视无国界指令"、"视听媒体服务指令"等对电影和视听业加强控制和指导，在欧盟各国的推动下，欧洲整体新媒体产业得到快速发展。以普遍化的政策融合来推动技术融合为特点，近年欧洲新媒体产业呈现出"媒介融合"的趋势，传统媒体逐步向新媒体融合发展，并将视频、音频、语音和数据通信服务融合，使得广播电视、电信业与互联网之间的界限日益模糊，正改变着传统音视频传播模式以及人们的视听消费习惯。

在实现"媒介融合"的过程中，"三网融合"是必经途径。它不但包括原有的传统媒体产业，而且包括以原有的传媒产业为中心并参与融合其中的 IT 业、电信业和电子产业等。事实上正是互联网、通信、音视频传输技术的发展，催生出网络电话、网络电视、IPTV、手机电视等新的内容格式和服务。另一方面，传媒产业的经济学特征决定了其属于政府规制型产业，在新传播技术条件下，视听新媒体（手机电视、IPTV、移动电视等）尽管突破了广播电视网面临的频谱"稀缺性"限制，但随着其快速发展，

"三网融合"仍面临着一些产业壁垒。

　　欧洲在新媒体产业的发展中都十分注重政府规制和市场机制相互配合，不断改变、调整与规范对传媒业的管理模式和政策法规。即除了市场机制外，还需要对新媒体进行规制，以实现传媒产业的结构变迁，加快新媒体的产业化进程。为解决在技术融合中所出现的政策和规制领域问题，1997 年欧洲委员会公布了《通信、媒介与信息技术融合以及规制执行绿皮书》，这一绿皮书的推出有效推动了新媒体产业的发展，随后在 2000 年至 2004 年间，欧盟信息与传播技术领域的生产率增长占到了欧盟总体增长的近一半。2005 年 6 月，欧洲开始启动"i‑2010 战略计划"，以适应数字技术融合环境下信息传播的"政策融合"，该战略制定了欧盟信息社会和视听媒体发展的政策，强调信息通信技术（包括电信服务、信息服务、IT 服务及应用）间的有机结合，鼓励开放、竞争的数字经济，具体而言，"i‑2010 战略计划"从"单一的欧洲个人信息空间""信息化领域创造更多研究""利用信息技术为提供更好的生活与就业环境"三个方面规划出了一个关于信息、传播、和技术的综合性战略框架。同年 12 月，欧盟委员会提议对《电视无国界指令》（*Television without frontiers Directive*）的草案建议进行修改，以适应不断变化的科学技术和视听服务市场，主要包括：扩大《电视无国界指令》的适用范围，基于内容对媒体业务进行划分并对视听内容的监管义务进行简化和更新，将《电视无国界指令》改名为《视听媒体业务指令》。2007 年 5 月 24 日，欧盟各部长最终就修订的《无国界视听媒体服务指令》（*Audiovisual Media Services without frontiers Directive*）达成一致意见，新指令的管辖范围覆盖包括广播电视、互联网、VOD 等在内的所有媒体内容领域，为欧盟新媒体产业的发展进一步建立规范。2010 年，《视听媒体服务指令》再次经过修订被编入欧盟法典，成为欧盟适应数字化与网络化的传播技术环境而进行的首次传媒内容规制立法。2014 年 2 月，欧盟正式成立了视听媒体服务监管机构。该机构由欧盟各国通信与媒体监管部门的高层代表组成，旨在助力欧盟委员会于当下的融合型媒体格局中实施欧盟的《视听媒体服务指令》，同时促进欧盟各国通信与媒体监管部门在视听媒体服务监管方面的相互协作、经验交流、成果共享。

总体来看，欧洲在新媒体规制上的特征和影响可以概括为如下方面：

1. 政策主导：从"政策融合"到"技术融合"及"三网融合"。欧洲各国常常保持传统视听媒体法律规制的延续性，在此前提下将视听新媒体纳入既有规制范畴，从而实现以"政策融合"方式来推动媒介"技术融合"，并最终推进"三网融合"。欧洲各国在新媒体产业中表现出强烈的政策主导倾向，以对数字电视发展的干涉为例：政府为新媒体的发展指定方向；政府与传播媒介的关系由调控转向积极介入；政府对媒介产业的发展由辅助转向主导。以"政策融合"促进"技术融合与以规制变革推动新媒体的有序发展"是欧盟新媒体规制的主要目标。

2. 产业规制①：传媒产业的特点决定其属于政府规制的产业范畴。尽管新媒体技术的发展在一定程度上打破了传统传媒的稀缺性特点，"三网融合"在发展过程中仍面临着很大壁垒。事实上，"三网融合"中的两个主要产业（传媒业和电信业）历来是受到政府高度规制的产业，完全依靠市场机制推动传媒业的升级和发展不现实，这需要新媒体的产业规制来解决。在具体的规制方式上，通常存在政治经济学与公共利益双重规制模式，前者强调对利益集团（产业参与者、供应商、客户等等）的影响，后者重视失败导致的政府干预。

3. 利益考量：文化、政治与信息传播安全。全球化浪潮带来了新媒体传播无疆界、多元文化保护等问题。为传承民族文化、维护信息安全和传播秩序以及保持适度竞争，各国政府和媒体部门都在一定程度上对国内新媒体进行保护并对国外新媒体进入国内市场进行限制，制定媒介市场的制度壁垒，消除媒介产业发展的负面影响。

2.2.3 英国新媒体产业的发展状况

英国在新媒体产业的发展一直走在世界的前列，全世界第一个允许电视经营商提供电话服务的国家就是英国，早在 1998 年英国便已有 20750 人

---

① 不过面对新媒体产业的规制和欧盟的新媒体的"数字鸿沟"（Digital Divide），部分研究者们担忧，"欧盟的新政策势必带来国家间的不平等，商业利益的垄断，以及公共服务的缺失"。

从事新媒体产业，创造了约 23 亿美元财富。1991 年，全英共 137 家有线电视台具有特许经营权，并且超过 98% 的电视台可向观众提供电话服务。随后，英国的有线电视公司积极开发和扩展新的业务和收入渠道，如数字互动电视、多媒体点播等，以刺激市场的进一步发展，英国的很多有线电视公司还提供了电缆调制解调器，为电视网络提供因特网服务。1998 年，英国建成了数字卫星电视网，不到一年的时间已有 200 万订户加入，有线电视广播和新媒体的渗透不断加强。其中，英国第四频道在新媒体领域中独树一帜，成为行业品牌。同时越来越多的互联网公司（如微软、Telewest）步入新媒体市场，向受众提供全方位的新媒体服务，这个新兴产业由一个众多分散企业构成的小部门迈向合作的、全球化和职业化管理的产业部门①。根据 MediaUK 的统计，截至 2016 年末，英国共有 830 家广播电台、514 个电视频道、1587 种报纸以及 1973 种杂志，全部隶属于 300 家媒体机构。随着 2017 年 3 月 1 日《英国数字化战略》报告的出台，互联网与一定媒体的优势地位更加凸显，英国新媒体产业持续蓬勃发展。

英国的因特网普及率高。2000 年，其因特网用户已达 1400 万余人②，这进一步为新媒体产业的发展奠定了用户基础，在英国新媒体产业很早就和教育以及日常生活融入到了一起，英国在校学生人均配备电脑数量居于世界第二，仅次于加拿大。英国在小学阶段就开始涉及计算机技术课程。中学生的上网率由 1996 年的 29% 提高到 1998 年的 75%。英国的教育立法已经连续作出数次调整，几门计算机课程已经被纳入国家规定的课程，包括计算机设计和信息技术；电子商务方面，电子商务主要用于通过因特网和互动电视进行的零售销售，英国在欧洲市场位居第二，网上杂货店的发展速度尤为迅猛。1998 年到 1999 年，英国公司互联网使用普及率从 49% 增至 62%，公司网站普及率从 37% 增至 51%。同时，英国政府大力支持中小企业把互联网作为其商业战略的重要组成部分，网上杂货店和网络购物在英国也迅速普及。根据 2000 年的一项调查，1999 年英国网民的网上

---

① 《英国新媒体市场概况》，《农业图书情报学刊》2003 年第 4 期。
② 1998 年英国因特网成人用户已达 1060 万，2000 年 5 月因特网用户有 1400 万余人。

购物花销为 78 亿美元，2000 年则为 236 亿美元。已有超过 20 万英国网民通过网上杂货店来购物，其中最普遍的是网上购书。统计数据显示，2012 年，英国是欧盟网络用户通过网络购买商品和服务比例最高的成员国，比例达到 82%，其他比例较高的成员国包括丹麦和瑞典（79%）、德国（77%）、卢森堡（73%）、芬兰（72%）。统计数据显示，网络用户在网上经常购买的商品和服务包括服装、体育用品、旅游票务和旅馆住宿。英国的网络用户通过网络购买服装和体育用品的比例达到 51%，购买食品和蔬菜的比例也达到 21%。根据 Ofcom 的统计，2017 年末英国的互联网普及率为 88%。其中，智能手机普及率为 76%，超过笔记本电脑（64%）和台式电脑（58%），成为最主要的上网途径。

英国新媒体产业发展中，电子游戏市场增长最为迅速。1999 年休闲软件市场总值为 20 亿美元，2017 年达到 67.2 亿美元，《FIFA》《使命召唤》《侠盗猎车》等成为英国实体主机游戏的重要代表。更是通过网页休闲游戏、网页社交游戏、移动游戏等多个细分领域的发展，持续扩张产业规模。在这样的市场背景下，英国的计算机游戏软件产业一直居于世界领先地位，聚集了 Sony Ac - claim Electronic Arts，Sega 和 Kinami 等软件开发商，早在 2013 年从事游戏软件创造开发的从业人员就已突破 10000 人，并呈现长期快速增长趋势。欧洲市场 25% 的休闲软件产自英国，游戏软件市场的活力为英国创造了更多的就业机会和市场需求，在游戏软件创新方面，英国已被认为居于世界领先地位[①]。但同时，由于缺乏管制约束以及监督成本的存在，英国新媒体发展过程中亦带来了一定的负效应，2011 年"8·6 英国骚乱"便是一个鲜活的例子，尽管其带来的社会动荡已渐渐止息，但是关于骚乱诱因的反思却一直在延续。其中社交网站和黑莓手机的推波助澜，让英国政府以及人们重新审视以信息自由流通为特点的社交新媒体对社会带来的正面、负面影响问题。

---

① http://www.cssn.cn/xwcbx/201410/t20141016_ 1365131.shtml.

2.2.4 韩国新媒体产业的发展状况

在韩国，"社交网站"或"社交网络"在新媒体产业发展中扮演了重要角色。网民使用微博等社交类网站这种社会化媒体来进行新闻传播或维权，使得普通民众逐渐成为突发新闻事件传播和深入推动的主要力量，突显了社交类网站对于韩国社会化媒体的重要性。

"社交网站"或"社交网"是 SNS 的中文翻译，全称为"Social Network Site"或"Social Networking Services"。由社交网络引申为社交网络服务，更强调帮助用户建立社会性网络的互联网应用服务。目前已比较普及的短信 SMS 服务等信息载体也可以归入此类。随着社交网站大众化和越来越多的人开始使用社交网站，韩国的网络应用和网络媒体的内涵日益丰富，使得网络传播变得复杂化与多元化，并对社会发展及文化发展产生带来新的影响。

2009 年，Facebook 在美国的盛行，使得 SNS 炙手可热。Compete 公司发布报告称，经过数月的连续增长，Facebook 的美国独立用户访问量已达 1.23 亿。美国的 SNS 强劲增长带活了全世界的 SNS 市场，韩国的 SNS 市场发展也随之进入高潮。根据 Emarketer 报告，从 2007 年至 2009 年韩国的 SNS 新增注册用户，从 28% 跃升至 62%，增加了 34 个百分点。而且，每天 SNS 的数据访问十分活跃。随着 SNS 用户数量剧增，SNS 的核心收入——广告收入变得越来越高。尽管海外 SNS 网站在韩国市场发展得也十分迅猛，但是韩国最大的 SNS 网站仍然是 Cyworld，它从 1999 年开始连续 11 年占据韩国 SNS 网站第一的宝座，是韩国境内名副其实的社交网络领袖。根据 2010 年的数据，韩国 SNS 用户中，Blog 类型的使用率是 83.2%，Community 和 Minihompy 类型的 SNS 使用率分别为 74.4% 和 68.1%，而微博（Micro blog）的使用率最低，只有 11.6%。在 10—40 岁的韩国人口中，SNS 用户达到半数以上，其中又以 Cyworld 用户为主，大约 10 个人中会有 7 个人使用 Cyworld 的社交网络服务。根据"2011 年韩国 SNS 使用状况调查报告"（由 SK Communications 与在线调查机构共同开展），3001 名 10—

40 岁的普通韩国市民中 51.6% 使用 SNS，其中使用的 SNS 服务结构依次是：Cyworld 占 67.5%，Twitter 占 14.1%，Facebook 占 12.6%，meZDAY 占 3.7%。53.6% 的受访者认为之所以使用 Cyworld，主要是因为建立属于个人的"人脉"关系，而 51.1% 的受访者认为 Twitter 的最大好处是可随时进行在线交流。根据美国皮尤研究中心的数据，2017 年末韩国智能手机普及率达 94%，名列世界第一，互联网普及率和平均网速方面同样位居世界一位，通信基础设施的普及与高效显著提高了韩国社交媒体、多媒体和移动媒体等新媒体的适用，社交媒体产值不断增加。伴随韩国政府对文化产业的多方位政策支持以及形式多样的海外推广战略，新媒体产业成为国家经济的重要组成部分。

Cyworld 倡导实名制和诚信理念，并且在韩国取得了巨大成功，这说明在 Web2.0 时代，个人诚信越来越重要，尤其在虚拟网络中诚信问题更应引起高度关注。在虚拟的网络世界中，用户必须凭借自己在真实世界中的可靠信息，保证其在网络世界中信息可靠性。目前，90% 的 Cyworld 用户是实名用户，实名制不仅没有扼杀"自由、个性、率真"的活力，而且赢得了广大年轻网民的极大尊重与信任，开创了社交网站真实、自由的新空间。

Cyworld 成功的秘诀在于其结合 Web2.0 的特色和用户的特点，创造了独特的商业盈利模式。Cyworld 的主要利润源自四部分：广告收入、移动 Cyworld、音乐下载和虚拟货币"松果"销售。其中，最重要的利润来源是虚拟货币——"松果"。韩国几乎所有重要企业都已经进驻 Cyworld，超过 4 万家企业在 Cyworld 里面进行网络销售，数字化内容多达 50 多万种。大部分政府部门、大学或非营利性机构都是它的会员，在其中推广业务和开展活动，形成了一个包罗万象的真实的虚拟社会。Cyworld 的成功也为类似 SK 的韩国电信运营商带来了大量的企业客户资源，使得移动终端与互联网业务融合变得日臻完善。作为韩国最大的网络社区和 SNS 服务平台以及韩国首个成功实现实名制的网络社区，Cyworld 的成功也带来了韩国的社区网站渗透率和活跃用户比例都处于全球最高比例。

2.2.5　中国新媒体产业的发展现状

改革开放初期是传统媒体一统天下的时代，广播、报纸以及电视纷纷登场，代表精英的媒体人生产专业信息。而从 2000 年左右开始，随着互联网浪潮的兴起，新媒体产业与互联网愈来愈密切地嵌入在一起，2001 年开始，各大网站，如新华网，纷纷改革完善，网络新闻频频出彩，特别是突发新闻报道及网上直播，网络媒体的信息传播优势和社会责任得到了很大认同。之后搜索引擎的逐渐成熟开启了信息聚合的时代，2005 年开始，博客、视频分享网站等应运而生，信息生产不再是精英们的专利，草根开始具备媒体性质的话语权，以网络技术为基础，新媒体产业的形态不断开始多元化，新媒体产业发展逐步进入快速期。

2005 年以来，一批新媒体领军企业，如猫扑、天涯、博客中国等大型社区网站，PPlive 等网络视频、POCO 电子杂志企业，都相继获得大批风险投资。新浪、中华、网易、搜狐、Tom、百度等网络媒体也相继在海外上市。中国的新兴媒体和互联网行业正受到越来越多的国际投资基金的关注，并纳入其投资计划。2006—2008 年，分众传媒、航美传媒、华视传媒、郁金香传媒、巴士在线、世通华纳等 16 家新媒体共得到了 6.1 亿美元的风险投资。其中最受风投资金喜爱的是户外 Led 屏幕和车载移动媒体。2008 年，中国新媒体产业的市场规模已经达到了 634.3 亿元，较上年增长37%。根据 2009 年赛迪顾问发布的研究报告，2006—2008 年中国新媒体产业高速增长，而其内部不同种类的新媒体产业发展并不均衡。其中，互联网业发展历史最长，市场运营最成熟，占据一半以上的市场份额（54.3%）；数字电视占据 20% 以上的市场份额（22.2%），普及速度正在加快；户外数字媒体占据 9.6% 的市场份额；移动互联网媒体占据 7.0% 的市场份额；IPTV 的收视费和用户规模有所提升，但仅占 1.3% 的市场份额；其余 5.6% 的市场份额由楼宇媒体、车载电视媒体、手机电视等占据。

2009 年，中国传媒产业的总产值达到 4907.96 亿元①，相比上年增长

---

① 数据来自《2010 年中国传媒产业发展报告》。

16.3%，传媒产业发展方向和动力向移动传媒和互联网集中。中国互联网络信息中心发布的《第 26 次中国互联网络发展状况统计报告》指出，"2010 年 6 月，中国网民规模为 4.2 亿人，比 2009 年 12 月增加了 3600 万人，互联网普及率增至 31.8%。而在其中，手机网民用户规模达到 2.77 亿，比 2009 年 12 月增加了 4334 万人，占网民总数的比重增至 65.9%。仅使用手机上网的网民大约为 4914 万，占网民用户规模的 11.7%"。移动互联网开始显现出巨大的发展潜力，手机新媒体形成一股汹涌蓬勃的力量，并在规模上不断赶超有线互联网用户。2009 年中国移动互联网网民数量已达到 2 亿左右，至 2010 年底，移动互联网网民数量已接近 3 亿，在规模上不断赶超有线互联网用户；同时 2010 年微博开启了中国媒体发展的自媒体时代，作为连接互联网和移动互联网的重要应用也在这一年开始茂盛地生长，该年份整个新媒体领域保持着快速发展，政策的扶持更为行业发展注入了催化剂，作为中国新媒体产业的领导者，东方传媒（SMG，原上海文广新闻传媒集团）借壳广电信息登陆资本市场，成为领跑新媒体国内上市第一单，IPTV、手机电视、网络电视新媒体领域呈现出一派兴旺的繁荣景象。

2018 年 6 月，中国网民总数为 8.02 亿，互联网普及率达 57.7%，其中手机网民规模达 7.88 亿，网民中使用手机上网人群的占比达 98.3%，新媒体市场在互联网的用户快速增加。作为新兴传播媒介，新媒体孕育着巨大的能量，对人们的生活产生重大影响，尤其是 80 后、90 后的年轻人，方便、快捷的新媒体对他们的吸引力更大，也培养了他们新的消费习惯——通过新媒体网络收听或收看视听节目。这一背景下，近年来传统媒体的市场份额和影响力逐渐下滑，电视台收视率、电台收听率、报纸发行率等多项指标均大幅下调。在近几年的前 100 大热点事件传播中，由网络大 V 等手法传播或主导的占了一半，七成左右的首发平台是网络新媒体，未来我国新媒体产业移动端的发展潜力巨大。

作为新兴产业，新媒体产业在资本市场上近年来也愈来愈受到关注。2012 年以来，已先后有人民网、新华网、江苏有线、广西广电、中国电影、横店影视、读者传媒、南方传媒等多类型新媒体公司登陆 A 股。通过资本市场的资源优化配置，巩固主流媒体在网络环境中的舆论引导能力，已经成为当前媒体的发展趋势。另外，作为继计算机、互联网后，世界信息产业的第三次浪潮，《中国物联网"十三五"规划》指出，我国经济发展进入新常态，创新是引领发展的第一动力，促进物联网、大数据等新技术、新业态广泛应用，培育壮大新动能成为国家战略。物联网和新媒体产业的交叉作为信息技术创新最为活跃的领域之一，是新兴产业快速成长的一块土壤，也是一个极具前景的市场。

在我国新媒体发展的过程中，还有一个不得不提的关键词是"三网融合"，它指的是电信网、广播电视网、互联网分别在向下一代电信网、下一代广播电视网、下一代互联网的发展和演进过程中，网络的功能趋于一致、业务范围趋于相同，都可以为用户提供打电话、上网和看电视等多种服务，从而可以有效减少基础建设投入，并简化网络管理，降低维护成本，促进网络性能和资源利用水平进一步提高①。2010 年 7 月 1 日，国家发布第一批"三网融合"试点城市名单，包括北京、上海、深圳等在内的12 个城市名列在其中，2011 年"三网融合"取得了实质性进展，国务院发布了第二批试点城市包括直辖市 2 个（天津市、重庆市）、计划单列市 1 个（浙江省宁波市）、省会城市 22 个以及 17 个其他城市。2015 年 8 月，国务院办公厅印发《"三网融合"推广方案》，强调"三网融合"全面推进，要求总结推广试点经验，将广电、电信业务双向进入扩大到全国范围，标志着我国"三网融合"工作正式进入推广阶段。2016 年 5 月，工信部向中国广电网络有限公司颁发《基础电信业务经营许可证》，广电国网被业内定义为第四大运营商，"三网融合"取得实质性进展。未来仍需各运营网络主体部门间进一步破除行业垄断和利益壁垒，铲除山头主义，以更加开放的心态，从用户利益最大化角度出发，整合现有资源，引入良性竞争、开展互动合作，推动"三网融合"的有效发展。

---

① "三网融合"的推进，不仅有利于迅速提高国家信息化水平，推动信息技术创新和应用，满足人民群众日益多样的生产、生活服务需求，拉动国内消费，带动相关产业发展，形成新的经济增长点；更有利于更好地参与全球信息技术竞争，抢占未来信息技术制高点，确保国家网络信息安全；有利于创新宣传方式，促进中华文化繁荣兴盛，保障国家文化安全。

　　综上所述，中国新媒体产业的发展现状是：市场规模增长迅速；新媒体企业不断发展壮大且日益规范；各新媒体行业之间开始出现跨平台融合现象，多赢合作正成为主流；移动互联网业务呈现爆炸式增长；新媒体产业面临的制度和政策环境不断放宽，加速产业化和市场化。然而，新媒体产业的两极化倾向也日益明显，以免费使用为基础的"社会化企业"和以高额利润为基础的"商业化企业"并存，而处于两者之间的新的商业模式正在融合发展之中。未来，"三网融合"是大势所趋，技术创新与风险资本的广泛联姻是必然之路，需要避免新媒体的产业结构演化成更深入领域、更大范围内的垄断格局，但也要改变目前新媒体产业仍然以中小企业为主的格局，提高产业集中度，完善产业链，满足新媒体产业进一步发展对资金、技术、人才等方面的新要求。另一方面也要注意到，在互联网的冲击下，传统媒体仅靠摊派维持生存，逐渐丧失了市场竞争力，因此推动传统媒体向新型媒体转型的任务已经刻不容缓（在互联网、移动互联网唱主角的时代，传统媒体只有与新兴媒体相融合，才有可能改变目前边缘化的窘迫境遇，并有力提升传统媒体自身的竞争力）。应该看到，在现代科技影响下，新媒体产业将引领媒体产业潮流，而传统媒体行业则逐步走向衰微，适应市场需求的媒体行业将继续保持活力，在这一背景下，传统媒体与新兴媒体需要进行有效结合，融合发展，有力提升整体媒体产业的自身竞争力。

2.2.6　中外新媒体产业发展现状的比较研究

　　从新媒体产业的国际比较可以看出，国外的新媒体产业往往特色鲜明。相比较而言，我国的新媒体产业在近几年虽然有很大的进步，但其特色还不够突出。

　　在基础竞争力方面，与国际新媒体产业相比较，我国大部分新媒体产业存在原创力不足，大部分企业仍从事各种新闻内容的简单编辑工作。而美国新媒体产业为了有效占有新市场的开拓和研发，高度注重对大批自由创业者、研究者和中小企业人才的培养。正是这些大量创新人才的支撑，才使得美国微软和谷歌等典型受益企业蓬勃发展。与之相比，我国很大一部分企业仍是从事各种新闻内容的编辑工作，业务简单重复，基础竞争力不突出。

在核心竞争力方面，与国际新媒体产业相比较，技术创新仍是中国新媒体产业系统中所要面临的关键问题。以美国为例，美国新媒体产业凸显出了有效的新市场开拓和新技术研发特点，其特点正影响并改变着美国的经济属性。以市场为主要推动力，使更多的技术与服务融合在集成度更高的产品与服务之中的微软、谷歌、Facebook 等为代表的美国新媒体产业，基本保持长期高增长。因此，本书认为，在市场机制下，只有良好的市场收益才会收回成本，取得利润，带来产业发展的持续动力和继续投资的信心。由于利益冲突和行业技术壁垒，在降低成本、提升利润、控制风险和共享技术资源，以及实现创收目标等方面，中国新媒体还有很长的路要走。由于技术融合被隔断，资本联合的盈利路径尚不畅通，相关部门需要统筹安排新媒体产业发展，有效消除制约技术创新和资源共享的体制或政策障碍，实现产业有效协同。

在环境竞争力方面，与国际新媒体产业相比较，我国政策推进情况，与新媒体产业强国相比，还有较大差距。欧洲媒体则制定了一系列有关电影和视听业的法律和法规来控制和指导新媒体产业，其以政府规制或政策主导的方式，最终推进视听媒体的"三网融合"。同时，欧盟规定手机电视和网络电视，与传统电视一样适用相同监管规则，将消极文化倾向带来的负面影响纳入利益考量。在这样的政策规制下，英国在计算机游戏软件创新方面居于世界领先地位，欧洲市场上的休闲软件有 25% 产于英国，其市场活力也创造了更多的就业机会。而韩国发达的社交类网站网民利用博客、推特、微博等社会化媒体来维权的意识日益增强，在新闻事件传播和深入推动过程中普通民众正扮演着主力角色。社交网站应用的大众化，使得韩国新媒体传播的格局变得多元化，对韩国社会和文化发展的影响十分深远。与这些国家相比较，我国新媒体产业还存在着相关法律法规滞后于新媒体产业发展速度的状况，如何解决新媒体产业中可能存在的虚拟社会与意识形态的变化，是相关管理部门需要迫切思考的问题。

2.3 中外新媒体产业分行业发展状况

2.3.1 国外新媒体：手机新媒体

手机新媒体是指通过手机终端，进行各种（文字、音频、视频等形式的）媒体内容的传播。近年来手机被业内看成是继报纸、广播、电视和网络之后的一种新媒体，俗称第五媒体。手机媒体由于具备多种新技术特性，符合时代发展的需要，在政治、经济、文化、社会生活中的重要性日益凸显。

比里洛（1988）指出，速度重新成为一种原始力，在新的"速度文化"时代，信息传播速度已与它所传播的内容并重。作为新媒体的重要载体形式之一，手机在传播方式上取代了传统的直线形传播模式，同时在传播空间上实现了移动状态下的传播，使时间和空间的分离不复存在；这些特质使得手机能够为受众提供更快捷、方便的信息资讯。同时随着新媒体领域对于及时性和交互性的重视，国际范围内整个手机媒体行业的发展日趋社交化，未来通过手机终端的社交网络服务很可能比目前的搜索引擎门户服务更受欢迎。手机社交媒体也由文字加图片形式的 SNS，迅速发展为文字加视频形式的 SNS。

国际手机媒体行业在通信技术的引领下，经过近几年的发展，已经形成了以智能手机终端为载体，手机上网、手机杂志、手机报、手机电视、手机动漫、手机阅读、手机社区、博客等多种业务类型，运营商、内容提供商、终端与技术提供商、软件及服务提供商等多方参与的手机新媒体产业链。并且以它独有的不可替代性、便携性和随时随地的传播、丰富的业务种类、个性化定制服务等良好的业务体验与互动，迅速得到了消费者的追捧。

根据 IDC（国际权威市场研究机构）的数据显示，2017 年智能手机的出货量达 14.62 亿部，为 2012 年出货总量的两倍，其中 IOS 系统 2.15 亿部、Android 系统 12.44 亿部。2010 年以来，iPhone 手机和 Android 平台出现，真正迈开了移动通信和互联网的融合之路，智能手机和移动终端日益增多，价格日益亲民，移动互联网对新媒体的影响越来越大，可以说以移动互联网为支撑的手机媒体已经作为市场主流而被广泛接受。一方面，现有手机媒体迅速增加在移动网络上的服务和应用；另一方面，将开发和运营精力直接转向移动互联网。例如，在 iPhone 苹果商城中，2017 年底已有多达 220 万种的应用软件，手机媒体的创新产品也十分丰富。

手机报改变了传统报纸的传递方式，它的新闻传播速度是对"新闻"之"新"的最准确诠释。手机报节省了印刷和发行时间，解决了传统报纸的时效性难题。传统媒体在时效性方面一般只体现在信息制作和发送上的时效性，在其信息传递的"最后一公里"往往无法及时送到用户手中，从而使得其信息的时效性丧失意义。当传统报纸尚在印刷或人工发行时，手机报早就已经在第一时间通过移动互联网传送到了用户手机之中。尤其是面临突发事件或重大事件时，手机报还能够对重大新闻进行动态播报，使得用户可以及时获得新闻信息，并持续关注其发展动态。这与保罗·莱文森提出的"补救性媒介"理论相一致——"所有媒介都是补救性媒介，补救以前媒介的不足，使得媒介更加人性化"。

手机支付是手机媒体、金融与消费相融合的产物，也是手机应用最为重要的一个功能。韩国 90% 的手机用户已经习惯在手机上消费，在信用卡支付、在线银行转账普及率较高的基础上，手机支付成为日常支付方式的重要补充，政府也出台了多项手机支付的鼓励性法律法规。在日本，手机支付市场规模为 6%，一定程度上满足了信用卡支付无法覆盖的领域，有效提升了日常消费的便利性。

LBS（Location Based Service），即地理位置服务，是手机媒体应用的又一热点。它通过 GPS 和移动互联定位，确定用户手机所在的地理位置，同时向用户推荐与地理位置相关的各种信息服务，从而将手机媒体与人们的日常生活融为一体。目前，苹果、Google、Twitter、Facebook 等领先企业都在争相占领手机 LBS 市场，通过无线网络为用户提供定位和各种相关信息服务。

手机电视也是手机新媒体发展的一大方向。技术上日益成型的"手机电视"正成为行业新宠，引起广泛关注。在手机业界有一种有趣的说法，"照相是前年的事，音乐是去年的事，而看电视是今年的事"。随时随地随心所欲地收看电视这一曾经的梦想正在变为现实。世界各国的移动运营商都已经推出或即将推出基于各自2.5G或3G网络和流媒体技术特点的手机电视服务。

欧盟：以DMB技术为主，同时在试验DVB－H标准。2006年5月30日，德国MFD公司开播手机电视，提供MTV、N24和ZDF频道。根据欧盟执委会的统计，目前在欧洲已经有16个国家展开DVB－H手机电视试播服务，继意大利之后，法国、瑞士、芬兰、西班牙、奥地利等国家也在2008年正式开始商业运营。

美国：其手机电视标准比较复杂，既有DVB－H标准在运营试验，也在一些地区进行美国高通公司的Media FLO标准试验，目前来看是后者占据上风。

英国：02移动运营商与Arqiva传输公司已开展了DVB－H技术试验，但由于未获得全国范围内的运营频谱，以L波段进行手动电视信息传输来替代。英国电信（BT）与Virgin Mobile于2005年采用DAB－IP标准也在100名用户中开展了前期试验。

日韩两国手机电视的商业化进展最快。2004年10月，MABOHO手机电视服务就已在日本开通；2005年5月，TUMedia手机电视服务也由韩国SKT公司推出。它们都通过卫星传送信号，提供收费服务，采用S－DMB标准。由于使用S－DMB标准的服务终端种类少而且价格不菲，到2005年底，韩国SKT的手机电视用户只有37万。于是，日韩又通过地面广播传输技术来向用户提供免费手机电视业务。韩国使用T－DMB标准，发放了6张T－DMB牌照，于2005年7月在首尔地区开始T－DMB免费手机电视服务试播。而日本使用的是IS－DB－T标准，并于2006年4月正式播出其自行研发的"ISEG"手机电视服务，先期覆盖东京、大阪、名古屋、冲绳等区域，然后逐步推向全国。日韩的免费手机电视服务广受用户欢迎，用户量和业务量规模在推出后都迅速增长。

2.3.2 国外新媒体：网络新媒体

互联网新媒体在传播多元化、个性化、交互性、快速性、广泛性和全球性、开放性、丰富性等上具有传统媒介无法比拟的优势。其传播方式可分为以下 4 种：（1）多人对个人和个人对多人的异步传播，如浏览网页和远程通信等；（2）个人对个人的异步传播，如电子邮件；（3）多人对多人的异步传播，如新闻讨论组、电子公告牌和电子论坛等；（4）个人对个人、个人对少数人、个人对多人的同步传播，如网络在线闲谈、多用户游戏等。相对于第一类中用户只是作为信息的接收者，而在后三类里，用户很有可能是信息的发布者或交流者，网络新媒体的传播方式最突出的变化为"受众"不仅仅是指大众，也可能是个人，"受众"既是信息的接收者，又是信息的发布者。在此基础上，社交是网络新媒体的一个重要特点。

基于社交网络的新媒体在国外发展迅速，也带来如何监管的新问题。网络新媒体是把双刃剑，要玩转社交网络媒体，必须懂得社交网络的特性，而且要变"堵"为"疏"，只有善于疏导和化解矛盾，才能赢得信任，并树立良好的政治形象。管理社交网络媒体，国外政府的使用方式都不相同，但都是三位一体：网络媒体自由发展，政府积极参与引导其健康发展，同时通过法律和制度进行规范，使得网络媒体尽快成为正确的舆论场所。市场、政府、制度三者各负其责。市场管发展，政府管引导和规范。

微博、社交网站等以新型传播手段为主的网络新媒体，同传统媒体一样，享有西方国家一贯的法律规定——"政府不能干预媒体发展"。同时为了管理微博等新媒体，西方国家政府一般都十分积极主动地参与，掌握信息播报主动权，成为信息引导主力，从而把这些新媒体变成其内政外交的"传声筒"或"扬声器"。从"微博外交""微博竞选"等可见一斑。如，英国政府明确提出内阁大臣每天至少半小时发布一次微博。《华尔街日报》曾发布报道称，当时有包括美国总统奥巴马、德总理默克尔、法总统萨科齐和英首相卡梅伦等在内的 60 多位各国首脑在使用微博。微博已被称为"第四媒体"，正日益成为政界新宠，各国首脑通过微博建立国际形象、阐述国家政策方针、宣传党派理念，以及与民众互动。

　　除了政府首脑使用微博外，发达国家的许多政务部门也开通了微博平台，成为传递有关部门政策和信息，以及与民众进行互动和交流的新通道。2009 年，英国政府印制了《Twitter 使用指南》，为其内阁政务大臣更好使用 Twitter 进行详细指导，并要求他们每天至少半小时更新一次微博。政务部门通过微博主动公布信息，使得公众能够更便捷地了解部门动态或政策动向，而且能够自由发表评论和意见。这样，政府及各部门就能够掌握主动权，主导部门信息传递和舆论。

　　随着网络信息日益发达和自由流通，社交网络正成为各种诽谤、造谣、网络欺凌和欺诈信息的源头。对此，Facebook 创始人马克·扎克说，"我们既要享受它的自由，也要接纳它的弊端"。美国、印度等国家制定了相关法律惩治那些进行网络造谣、诽谤等的人，试图以此来遏制或减少网络媒体带来的负面效应。美国司法部建议国会修改"计算机欺诈法案"，对那些通过虚假身份等信息在网络上伤害他人的人进行起诉。印度修订《信息技术法》，从法律层面来规范网络媒体，赋予其通信与信息技术部门删除网站内容或查封网站的权力，对那些通过网络散布虚假信息或欺诈信息的个人处以罚金或三年以下有期徒刑。为了保障良好的网络生态环境，惩治造谣、诽谤等恶性行为，实现网络信息传播的真实可靠，通过网络法律来规范网络行为十分必要。

　　匿名性和隐蔽性是网络虚拟空间的特征，"网络水军"这一特殊群体的出现正是基于这一特征。"网络水军"们受雇于人后，在网上任意制造谣言，甚至危险言论，欺骗蒙蔽不明真相的网民，从而达到混淆视听、制造不健康舆论的目的。这是对网络自由的公然绑架，是对网民言论表达的公然绑架，危害甚大。因此，为治理网络犯罪和网络水军，一些国家开始尝试网络实名制。美国最大的社交网站 Facebook 和互联网巨头谷歌都在严格执行实名制。"一经发现立即关闭账户"是 Facebook 成立以来一直采取的策略，严格取消化名用户。"谷歌"社交服务强力推进实名认证。先对以公众或明星人物名字命名的用户，以及拥有大量好友的用户开展身份认证，然后清除了那些以单音节命名或包含符号数字的用户名，以及看起来不像真名的用户。2006 年 12 月，韩国国会批准了关于网络实名制的法律，成为第一个强制采用网络实名制的国家。在韩国，日访问量达到 10 万人次的 100 多个网站都要求强制实名制，只有网民登记和验证个人的真实姓名和身份证号码等信息后，才能够进行网上留言、发布照片或视频。

　　然而，实名制也存在弊端，带来用户个人信息泄露的问题。如何管理网络新媒体，正如微博的特点那样，以开放包容的态度采取管理措施。不管是网络信息监控，还是网络实名制，目的都应仅限于预防负面影响扩散，而不能成为监控和限制公民言论自由的另一种形式或手段。对于任何一个国家，主动接纳并学习利用社交网络，引导网络媒体和网络舆论，将其变成为政府与民众有效互动和沟通的工具，都将是一个崭新的课题。

　　由于网络媒体传播具有约束少、速度快、门槛低等特点，公众在微博上表现出来的过分热情正好体现了他们在现实世界中的政治参与途径少、限制多等不足。青年人占据网民构成的绝大多数，他们是社会的未来，没有青年人对社会的认同和支持，国家就难以有活力。据调查，2000 年 18 至 24 岁的美国青年在大选中的投票率比 1972 年时下降了 16%；英国适龄青年也很少在大选当天积极参与投票，近年年轻选民的投票率不到 20%。然而，通过网络参政议政和表达政治诉求却广受到青年喜爱，他们通过网络、社交网站、微博等新媒体表达自我，发出自己的声音。在社交网络中，充斥着形形色色的"话语场"，任何一个突发事件或热点事件都可能形成一个"话语场"，吸引着网民参与和讨论。但"林子大了什么鸟都有"，杂乱无章往往成为社交网络中的"话语场"最大特点，一直无休止地争论不仅让人讨厌而且也不是良性的政治参与。因此，需要对杂乱无序的"话语场"进行引导，使其由"嗡嗡嘤嘤"的无病呻吟转向"百家争鸣"的有效参与。2005 年和 2006 年，为防范"颜色革命"，俄罗斯政府制定了恢复政治思想教育的政策，普京还接见"并肩前进"等青年政治组织代表，亲自座谈或派专人与他们定期会面，指导行动，为其他国家引导青年参政提供了借鉴。

2.3.3 国外新媒体：IPTV 产业

"IPTV" 是以宽带和有线电视网为基础设施，以家用电视、电脑和智能手机为接收终端，融合多媒体、通信、互联网等多种技术，为用户提供以数字电视为主的多种交互式信息服务的媒介形式。IPTV 能够真正实现了媒体消费者与内容提供者之间的实质互动，并根据用户个性选择而提供互联网浏览、可视 IP 电话、电子邮件、DVD/VCD 播放、数字电视节目以及各种在线信息服务等功能。从国际 IPTV 产业的发展状况与运营模式来看，其即时点播的时移性、灵活便捷的交互性，以及巨大的发展空间和潜在的受众群体，将成为助推中国广电、电信与互联网三网融合的极好切入点。

总体来看，国外 IPTV 产业发展已经经过了三个阶段：

第一阶段：2003 年前，萌芽阶段。从西欧发达国家开始，随后北美和亚洲的发达国家电信运营商相继进入 IPTV 领域（表 3.1）。在萌芽阶段，IPTV 的用户规模增长十分缓慢，而且只有英、法、美、意、日、瑞典和新加坡等几个发达国家或地区开展了相关业务。

第二阶段：2003 年至 2006 年，成长阶段。IPTV 业务开始进入俄罗斯、波兰、捷克等东欧国家，其他欧洲国家也开始全面部署和调整，亚洲国家也日益开展 IPTV 业务，加拿大和美国的 IPTV 产业也开始起色。新的运营商和新的业务不断产生，逐渐形成了以英国 BTVision、美国 NexTV/U - verseog、意大利 PVR 和法国 MaLigne TV 业务等为代表的营运模式。

第三阶段：2006 年后，迅速发展阶段。欧洲与亚洲的 IPTV 产业发展起到了市场引领作用，西欧尤其是法国的 IPTV 产业日益成熟和壮大。到 2015 年 12 月底，世界 IPTV 用户总量达到 1.3 亿，市场规模约 400 亿美元。

表 2.1　欧洲、北美洲、亚洲 **IPTV** 产业运营商进入市场时间

IPTV 发展情况				
国家（地区）		进入时间	用户数	主要运营商
欧洲	法国	2003 年	1410000	FranceTel、NeufTel、Free
	英国	1999 年	80000	Kingston 通信公司、Video Networs
	瑞典	2003 年	145000	Swisscom
	德国	2006 年	145000	德国电信、Hansenet
	意大利	2002 年	379000	FastWeb、意大利电信
	荷兰	2004 年	167500	KPN、Tel2
北美	美国	2001 年	1069000	SBC、Verizon、RTC、Pioneer
	加拿大	2002 年	100000	MTS、Sasktel Max、Aliant TV
亚洲	新加坡	2001 年	10000	SingTel
	日本	2002 年	304000	NTT、KDDI、Yahoo! BB、Itochu
	中国香港	2003 年	920000	电讯盈科
	中国台湾	2003 年	280000	中华电信

数据来源：根据综合资料整理。

在全球范围内，IPTV 产业呈现以下一些发展特点：

第一，IPTV 的用户增长速度逐渐放缓，IPTV 产业发展仍然存在区域不平衡。2006 年之后，IPTV 的用户基数日益壮大，增长速度逐渐下降，但总体数量仍然在快速上升，2004—2011 年全球 IPTV 用户的年均复合增长率大概为 76.9%。维持 IPTV 市场增长的重要力量是一些人口大国 IPTV 业务的深化和亚非拉 IPTV 市场开始启动。IPTV 业务发展的区域不平衡性仍然没有消除。欧洲仍是全球 IPTV 的市场中心，占据 52% 的市场份额；亚洲 IPTV 市场迅速成长，占据 41% 左右的市场份额；北美和非洲 IPTV 市场也在成长，占剩下 7% 左右的市场份额。在法国、挪威、意大利、荷兰、德国和比利时等运营商的带领下，西欧既是 IPTV 业务开展最好的区域，也是 IPTV 市场竞争最为激烈的区域。造成 IPTV 全球发展不平衡的原因，除了各国或地区存在网络承载力的差异外，也与其政策管制、市场环境和

运营商的自身能力关系密切。

第二，IPTV 的市场规模不断扩大，业务收入不断上升，但 ARPU（用户对业务收入的人均贡献）却会逐年减少。这主要是由于 IPTV 业务收入的增长速度低于用户规模的增长速度，以及服务成本降低和竞争加剧。2007 年，全球 IPTV 的 ARPU 是每年每位用户 394.56 美元，而 2010 年降至 242.47 美元每年每用户。IPTV 业务发展不均衡和地区经济人口等因素也造成了 IPTV 的资费标准呈现多样化和地区差异化。目前，月资费标准已基本形成了三种类型：北美地区 10 美元/月，美国是主要代表；欧洲地区 50 美元/月（30—50 欧元），法国是主要代表；亚洲等地区 10—20 美元/月，日本是主要代表。在业务模式上，运营商一般采用捆绑销售，既 Triple – Play 模式，将电话、宽带和 IPTV 打包或捆绑，既对用户提供基本的音视频服务，也对用户提供高端数据业务。这种将 IPTV 服务与语音服务和高速互联网接入服务融合销售，提供一揽子服务的模式，使得大部分国家或地区的运营商在用户资费方式上都采取套餐制，按频道数收费以及按点播次数收费的模式日益淡出。套餐制也使用户在保证综合资费较低的情况下能够使用各种服务。

第三，IPTV 产业基本形成了三种政府管制模式：电信业务管制模式、广播业务管制模式和媒体业务管制模式。在各国或地区内部，三种管制模式并存，只是在具体的政策实施和行业管理上侧重点和程度上有所差异。在法国、意大利、比利时和中国香港等国家或地区，政府对 IPTV 产业的业务定义明确，扶持政策细致到位，管制环境宽松，从而产业发展态势较好，协调有序。相反，在那些业务界定不明、行业标准混乱、管制体系分散和政策环境苛刻的国家或地区，如中国和韩国，IPTV 产业发展就受到了非常大的制约。

IPTV 良好的运营模式和迅速发展的业务，不仅为传统电信和广电产业发展注入了活力，而且为新媒体和技术公司带来了巨大机遇。分析全球几种代表性的 IPTV 产业运营模式，可以发现，那些运营状态好、产业发展快的国家一般具有以下特点：

首先，平台运营厂商、内容提供厂商、终端设备供应厂商、应用技术支持厂商以及产业监管部门等产业链各个环节和产业主体之间开展广泛而深入的合作，共同打造 IPTV 产业的基本竞争力。其中，电信运营商处于产业链条的中心位置，拥有先进的传输网络、健全的收费渠道和大量的潜在用户；广电媒体则是产业链条的关键环节，它提供的原创内容质量的好坏直接影响到 IPTV 业务对用户的吸引力。国外运营商普遍采用的方式是，通过与一些著名的内容制作商和电视台签订各种协议来保证能够提供足够和精彩的节目内容。如，香港电盈公司与 30 多个知名内容供应商合作，共同开通了付费和免费电视频道合计 100 余个，提供丰富多样的节目内容。法国电信同传统电视业务供应商进行合作联营，共同推出"电信电视套餐"，提供"一站式"的 IPTV 业务。RTC（Ring gold Telephone Company）公司是美国最大的 IPTV 运营商，其开通的 34 个付费频道也是与 20 余家节目制作商合作的结果，其中包括 Starz、Showtime、Cinemax、HBO 等著名传统广播影视频道。并且 RTC 公司通过细分用户群开通了细分付费节目内容。通过合作共赢，IPTV 运营商在自身发展壮大的同时也给传统电视节目制作商开拓了新的客户和业务增长点。AT&T 作为美国第二大 IPTV 运营商，它于 2006 年开通的 U – verse TV 业务，则是采用 TriPle – Play 模式，以"光速工程"为载体，将 IPTV 业务与宽带接入服务捆绑销售，从而实现与服务商之间的合作共赢。

其次，以捆绑式"套餐制"和包月方式为主体，辅以点播付费方式，分层搭建，创建了种类多样、自由度较高、操作方式灵活的盈利模式，从而形成核心竞争力。国外发达国家绝大多数的 IPTV 运营商都采用捆绑传统电视业务促进销售的模式，把多媒体、互联网和通信功能多重打包，吸引用户并提供多样的交互通信与媒体服务。因此，国外的 ARPU 多数介于 30 美元和 50 美元，比中国平均 3 美元的资费高 9 倍至 16 倍。

最后，以消除行业壁垒，实现多域融合为最终目的，在政策制定和管理上实现开放性监管，塑造产业发展的环境竞争力。各种政策限制最少的地区一般也是 IPTV 业务发展最好的地区，中国香港是这方面的典型代表。香港的广电与电信业务采用融合监管体制，IPTV 被视为收费电视业务，没有对 IPTV 的一些限制政策或监管政策，因此，电讯盈科的 IPTV 业务能够无阻碍地迅速发展，成为全球最大的 IPTV 运营商之一。英、美、法、德、意等发达国家都相继取消了广电与业之间的行业进入壁垒，使得广电、电信和互联网三个方面的业务能够在 IPTV 平台相互竞争、相互融合和共生增长。相反，由于韩国广电、电信和互联网三方实行分列管制，使得 IPTV 产业发展受阻，难以快速推进。

然而，全球 IPTV 产业的发展和运营仍然存在着一些问题和挑战。尽管一些国家或地区已经探索出了符合自身特点的运营模式，但是并没有完全解决政策、技术和市场等方面面临的问题或壁垒。

首先，在一些国家仍然存在"三网融合"的体制障碍，广电、电信及互联网的三网业务融合和市场准入难以顺利跨越。由于部门利益对立，IPTV 行业标准制定、运营牌照发放等政策常常处于有令难行的尴尬境地，从而制约了 IPTV 业务像中国香港地区或欧盟国家那样全面展开和大规模商用。在寡头垄断情形下，IPTV 技术和 IPTV 业务甚至有可能变成电信部门或广电部门维持自己垄断地位和市场领地的重要手段，相互之间的竞争大大多于合作或融合。

同时，在市场进入已经不受限制的国家，也可能在具体执行中存在各种问题。例如，美国 IPTV 产业的市场进入已经不存在障碍，但是对于 IPTV 业务应采取何种分类标准及管制政策却没有统一认识。美国政府对有线电视业务、互联网业务和电信业务的管制政策各不相同，由于没有明确 IPTV 属于何种业务类型，从而也无法确定谁来监管及如何监管，也造成了电信运营公司和有线电视公司对于 IPTV 业务归属及经营权是否应"本地特许"上的争论。电信运营公司把 IPTV 看作宽带数据业务，认为无须申请本地特许；电视公司把 IPTV 看作广电业务，认为理应受到本地特许限制。可见，仅仅在宏观政策表示 IPTV 业务许可，也会在具体的执行中遇到各种障碍。

其次，IPTV 业务带来的的内容管理和版权保护也是一大问题，这也同业务分类与行业管理关系紧密。基于 IPTV 服务在电信或广电业务归属上的模糊分类，使得在不同国家在对 IPTV 所传输音视频节目的内容监管上分歧意见较大。美、英、法、意、德和比利时等国家面临着这一问题，只是程度不同而已。在美国，付费电视产业就曾强烈抵抗 IPTV 的发展。2005 年，欧盟布鲁塞尔会议报告公布之后，IPTV 产业在欧洲发展迅猛，人们也在不断研究解决此问题。至今，加强对 IPTV 节目内容的版权保护，防止用户入侵和非法盗用，仍然是一个待解难题。

最后，产业的技术标准和市场竞争也存在一些问题。2006 年 4 月，国际电联成立了 IPTV 焦点组，着重解决 IPTV 的技术标准问题，但至今全球还没有形成一个统一的让大多数国家都认可的行业和技术标准。另外，不同 IPTV 运营商之间同质化竞争十分严重，如何引导它们进行差异化竞争还有许多工作要做。一方面，IPTV 是一个跨行业的新媒体，需要多个部门和多个环节之间进行协调互动，只有宽带、电信、广电运营商之间形成紧密的合作关系，才能助推 IPTV 产业良好发展，增强业务竞争优势；另一方面，要着重加强完善节目内容和提升节目质量。

2.3.4　中国新媒体：手机新媒体

随着媒体形式越来越丰富，人们关注的焦点也不仅仅是网络传播研究，作为新媒体的重要载体形式之一，手机在传播方式上取代了传统的直线形传播模式，同时在传播空间上，实现了移动状态下的传播，使时间和空间的分离不复存在；无论是在用户数量和移动网络覆盖区域上，手机都拥有广大的覆盖面，从而对现代居民的社会心理和交流及生活习惯产生着潜移默化的影响，如北京长虹桥下陷事件刚一出现，市民便收到 1860 平台的警示通知。和传统媒体相比，手机拥有广大的覆盖面，另外中国已经成了拥有世界最大移动通信网络的国家，手机的覆盖能力远远超过了互联网，甚至电视，创建了一个拥有巨大用户群、高度覆盖性，信息传播迅速、便捷的信息平台。企鹅智酷的调查数据显示，我国用户每天使用移动终端的时长中超过 5 小时以上的为 26.5%，3 小时到 5 小时的为 20.3%，30 分钟到 3 小时间的有 32.7%（图 2.1）。

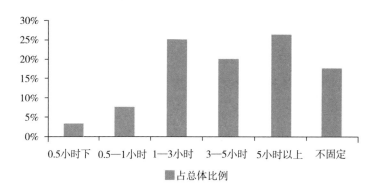

图 2.1　我国用户使用移动端时长比例（调查样本：50146 人）

数据来源：企鹅智酷

　　2018 年 6 月末，中国共有约 8.02 亿互联网网民，其中通过手机上网的用户数量为 7.88 亿，网民中使用手机上网人群的占比达 98.3%。工信部 2018 年 6 月统计数据显示，我国移动互联网用户达 13.7 亿户，月户均移动互联网接入流量达 4.58G。"三网融合"业务稳步推进，IPTV 用户总数达到 1.45 亿户，50Mbps 及以上和 100Mbps 及以上接入速率的固定互联网宽带接入用户总数分别突破 3 亿户和 2 亿户，光纤接入 FTTH/0 用户占比达 86.6%，未来移动互联网的潜在用户规模仍然巨大。

　　据工信部统计数据，2018 年 6 月底，我国已经有 14.7 亿移动电话用户，移动数据业务发展迅猛。在手机用户中越来越多的人开始关注手机媒体，比例日益提高，并可能最终形成具有几亿用户规模的具有巨大影响力的新兴媒体平台。不仅手机媒体的用户数量变得日益庞大，而且手机媒体对用户的影响力也越来越强。最初手机的短信息只是应用于个人与个人间诸如问候、沟通和通知等简单信息传递，而目前正日益成为一种相互之间重要信息的分享渠道。美国"哥伦比亚号"事件发生后，极短时间以手机短信息形式被传遍全球；北京长虹桥下陷事件刚一出现，市民便收到 1860 平台的警示通知。手机正成为广大用户获取信息最迅速最便捷的手段。

　　建立在 SNS 技术基础上的新型手机社交网站在近年得到了快速发展。通过"社交网络"开拓手机网络社交，不但具有比较丰富的社交功能和娱乐功能，而且具有十分强大的传播能力，是一个功能融合和技术集成的手机媒体平台，潜力巨大。研究表明，我国通过网络交友的人群占网民总数的 86.9%，每天约有 8000 万网民为了寻找社交、发现商机等目的而上网，并以年均 57.65% 的速度增长。截至 2018 年 6 月末，我国互联网 SNS 用户规模达 7.56 亿。

以手机为媒介的另一重要信息分享领域是微博，中国互联网信息中心报告统计，中国微博用户数量已经达到 3.37 亿，其中手机微博的使用率从 2010 年 12 月底的 15.5% 增加到 2018 年 6 月的 42.6%，成为一大亮点。手机微博出现并迅速改变着媒体采编和信息传播的方式，成为最活跃的社交媒体平台，也在很大程度上对人们搜索信息、获取信息和生活娱乐的方式产生了重要影响，并由此将网络时代推向了"全民围观"的新方向。手机微博很可能助推新一轮手机媒体的爆发式增长。因为，它最能够适应当前"碎片化"的信息市场发展趋势，提供个性化、定制化和细分化的信息服务，满足不同个体的个性化需求，将手机媒体的个性、共享、融合等功能发挥到极致，从而彻底改变网民的网络入口和信息访问轨迹。

数据显示，2018 年 6 月，中国网民总数为 8.02 亿，其中 6.09 亿视频类用户，渗透率超过 90%。移动客户端中，手机视频亦是手机新媒体业务中的重要组成部分，截至 2018 年 6 月，73.4% 的视频用户选择用手机收看视频，其次是台式电脑/笔记本电脑，手机已成为收看网络视频节目的第一终端。

手机视频主要以点播为特点，颠覆了传统的观看模式，让消费者有了更大的选择空间。在这样的新形势下，手机视频市场发展潜力巨大，各大相关企业纷纷发力手机视频，以特色差异化博取观众缘。各大供应商则专注于提供时间较短的视频来填补用户碎片化时间，并积极推进手机电视服务和应用，在当下我国已经形成了广电、联通、移动三足鼎立格局和态势。（1）2005 年 1 月 1 日起，中广电上海文广传媒集团（SMG）联合上海移动为 50 名上海移动用户提供手机电视免费试用业务，为在 3G 时代推广手机电视业务提供参考。2006 年 9 月，上海文广联合中国移动正式开通了我国第一个手机电视平台——"梦视界"，标志着我国手机电视业务正式从测试转向运营。2006 年，中央电视台获颁手机电视、网络电视、IPTV

等全业务牌照，并于当年12月联合移动、联通两大运营商推出了CCTV手机电视业务。央视节目内容不仅可以通过手机移动网络向外传播，而且提供直播、点播、下载等个性化服务。（2）中国联通视手机电视为其增值业务的一个重点工作之一，早在2004年4月，联通便同国内12个电视频道签订协议，推出"视讯新干线"，作为其手机电视业务品牌。依托于CD-MAIX网络，联通智能手机用户只需通过下载播放软件并设定缓冲区之后，便可以在线观看电视。（3）类似地，中国移动在2004年3月就（在广州）对全球通GPRS用户开通了手机电视业务，随后在5月份，推出了"银色干线"时尚业务，将其打造成移动正式的数据业务品牌。与此同时，中国移动为了拓展该市场，不断向西门子、索爱等厂商集中采购应用手机电视的智能手机。不过整体来看，中国手机视频和电视市场还没有形成规模，仍处于不断探索合作阶段，相关的政策措施并不明确，还需要大力呵护和培育市场。

手机媒体作为一种新兴媒体，在当下我国正处于快速发展时期，不过这一过程中仍然暴露了很多缺陷。存在的问题主要如下：第一，手机媒体自身存在技术限制。由于便携性的要求，手机的尺寸通常都很小，用户在观看视频、浏览网页时很难达到与看电视、电脑超大显示屏相同的视觉体验，广告也难以给用户带来强大的视觉冲击力，严重影响了其传播效果。此外，手机多媒体功能的应用需要足够的电力做支撑，但现在手机电池的续航能力还远远不能满足用户的需求。第二，手机媒体的信息内容缺乏原创性。当前手机媒体的信息内容主要是报纸、互联网信息的复制删减，原创很少，不足以在内容方面形成竞争力。手机媒体需要立足手机平台，依据用户需求量身定制原创信息，挖掘读者兴趣点所在，形成信息资讯方面的强势竞争力。第三，手机用户资料成为新商品。《第二媒介时代》的作者马克·波斯特认为，进行网上销售的零售商把他们积累的客户资料视为自己的财产，并转而卖给其他零售商。这种经济现象不仅在互联网的运作中存在，也同样出现在手机的商业模式中。前面提到的WAP PUSH广告在用户手机上的精准投放，就是建立在掌握了手机用户个人信息资料的基础之上，而用户的个人隐私一旦泄露，便容易被不法分子利用，给手机用户带来很大的安全隐忧。第四，由于手机媒体目前还不是一个成熟的媒介形式，所以有关部门对它的监管还存在一些难点。主要表现在两个方面：其一，关于虚假不良信息传播监管的难点。手机和互联网一样，具有惊人的信息容纳能力，这些庞杂的信息汇集到一起，势必给监管造成了很大难度。再加上目前 WAP 网络缺乏统一的准入机制，很多 WAP 网站并未经有关部门审批，直接接入了移动通信网络开展业务，导致各种虚假不良信息抬头，影响了手机媒体的正常传播。其二，关于用户身份管理的难点。2010 年 9 月 1 日，为有效监督追查手机诈骗等犯罪行为，规范移动通信的网络秩序，我国手机实名制的工作正式启动，不过迫于竞争压力，一些营业厅并未真正有效对入网用户进行实名登记，这使得手机实名制计划的推行大打折扣。尽管作为一种新兴媒体，手机带给了用户太多快捷丰富的体验。随着相关技术的不断发展和相关法律法规制度的逐步完善，手机媒体将更加符合人们的消费心理，亦会有更大的发展空间。

2.3.5　中国新媒体：网络新媒体

从我国网络媒体发展的历史脉络可以看出，我国的网络媒体正在迅速壮大，发展环境也日益成熟。从 Web1.0 时代到 Web2.0 时代的演化，使得网络媒体逐渐脱离对传统媒体的依赖，使得新闻采播可以大众参与，不再是专业人士独享的特权，而且成功实现了由网络媒体向传统媒体反向输送内容，各种社交媒体加速了网络虚拟社会的构建，众多网民既是信息受众，又是信息传播者和创造者，最大体现了用户的个体价值。目前，门户网站、播客、博客、网络社区等 Web2.0 时代的细分应用都可以纳入网络媒体范畴。其中，门户网站发展最早也最成熟，网络社区和博客正在迅速成长，播客、互动搜索、网络杂志等应用仍在初创期。SNS、播客、博客等新兴应用正改变门户网站作为主要网络信息来源，RSS 技术直接向网民筛选推送信息，也将改变传统的阅读习惯，并冲击门户网站的传播和盈利模式。因此，门户网站面临着巨大的挑战。

根据《Web2.0 时代网络媒体发展趋势研究报告》，日益丰富的网络应用和不断升级的网民需求，都对传统的网络媒体提出了新要求。以个人为中心来对内容、商务、娱乐、通信及其他个性应用重新整合，在最大限度上满足日益提升的个性化需求，是网络发展的大势所趋。为适应这种需求的变化，必须从根本上改变网络媒体的使用模式和营运特点，由原有以大众为中心的大众性传播转变为以个人为中心的个性化传播。网络媒体的这种新特性带来挑战的同时也孕育着新机遇。在 Web2.0 时代，网络营销、网络广告等方面都产生了比较成熟可靠的盈利模式，网络媒体的利润和市场规模都在迅速成长。根据艾瑞咨询发布的数据，2015 年仅网络媒体广告收入规模就达到 2136.3 亿元，连续 6 年增速保持在 35% 以上，成为社会媒体中的焦点。根据测算，预计 2018 年我国网络营销规模将达到 4000 亿元，3 年复合增长率为 23.4% 左右。

此外，博客、微博和网络杂志在我国发展也十分迅速。博客已经处于发展期，其注册用户规模高达数千万，但是由于至今尚未找到比较成熟的盈利模式，很可能限制其进一步发展。微博近年发展迅猛，针对当下政治事件和社会热点问题，在以微博为主的网络社交空间，讨论激烈，影响广泛。微博社交网络给人们提供了言论表达的渠道和自由，使得任何人都可以通过网络迅速表达自己的心声，并引发"粉丝"的关注。在更加崇尚自由和多元化的今天，通过微博等社交网络我们不仅听到单一的主流之音，也可以听到更多阶层的声音，是明显的进步。因此，对于微博的发展以及类似社交网络中的激烈言论，要以包容之心进行有效引导。网络杂志进入门槛较低，不受刊号限制，无须印刷和发行成本，在我国还处于初创阶段。虽然各类网络杂志数量众多，但是真正形成品牌和影响力的少之又少。

因此，从细分市场来看，门户网站已处于成熟期，市场进入难度大。网络社区和博客处于成长期，有一定进入门槛和相对多的竞争者，投资时机较佳。网络杂志、播客和互动搜索应用等还是新生事物处于初创期，潜力巨大但盈利模式还不清晰，前景还不明确，风险较大。下面具体分析博客和微博。

（1）博客——企业形象的低成本网络宣传页

现代意义上的博客早已脱离了网络日志的局限而上升为一种时尚的生活方式和新型的联络工具。很多网友将博客视为信息发布的主要渠道，并将每天看博客写博客当作日常生活的一部分，这种习惯使得网友有固定的博客圈和好友。

相对于传统的公司官方网页，公司官方博客有时可能发挥更大的作用。很多企业家的博客通过故事或评论宣传介绍其公司理念、公司文化，是一个很好地塑造企业品牌和企业形象的途径，其平易近人的方式更容易博得网民对企业的认同感和美誉度。例如，新东方教育集团除了官方网页外，还建立了新东方官方新浪博客，宣传公司重大活动以及俞敏洪创作的励志文章，截至 2017 年底其访问量已超过 4620 万。这些博客上的励志文章激励着许多年轻人主动投入新东方课堂。官方博客不仅能够节省广告成本，而且无须网页维护成本，更以平等交流的形式让人们减少反感、放松警惕，增加对企业文化和企业形象的好感和认同。

（2）微博——企业信息的快速播报员

微博相当于简易版博客，使用电脑和智能手机均可参与，而且通过手机体验更加广泛。微博的文字内容在 140 个字以内，可以同时上传图片，因其不受地点、不受设备限制，随时随地和方便共享的特点，在 2010 年刚刚诞生就迅速流行起来，被年轻人广泛接受，并亲昵地称之为"围脖儿"。2010 年，新浪微博用户数已达到 5000 万，并在随后持续迅速增长，以非具体个人的形象入选《南方人物周刊》在 2010 年末的中国魅力榜。这其中，50 个入选的"中国之魅"中只有 7 个传媒名额，新浪微博作为"聚合之魅"占据一席。5000 万微博用户构成复杂，不同领域、不同年龄、不同兴趣爱好的人在这里聚合，他们都能找到自己喜爱的而且能够自由表达的言论空间。"围观就是力量"，不同的人通过微博组成不同的圈子，网络虚拟性因与现实的广泛对接而迅速被稀释，也吸引越来越多的网民参与其中。微博不仅便捷和迅速，而且潜在围观"粉丝"众多，是一个绝佳的电影电视、体育娱乐、企业家、官员等名人塑造自身形象和与"粉丝"沟通的低成本工具。新东方一些名师的微博具有十分惊人的粉丝数量，他们既代表了自身的形象，也同时代表了企业的形象。新东方教师的极高关注度很大程度上提升了整个新东方企业的良好形象。万科王石的新浪微博也拥有 100 多万粉丝，他随时随地更新的登山、远足、关爱自然等言论，看似个人举止，却深深刻上了企业文化、企业精神和企业品牌的烙印，在"粉丝"们的心中无形地树立了企业形象与文化。

总的来看，网民个性化的需求以及不断发展的技术将带来越来越多的投资机会，Web2.0 时代中国网络媒体价值链的市场投资潜力巨大。不过，目前中国网络新媒体还存在传播内容对传统媒体的依存程度过高问题，大门户网站的内容大同小异，对这些内容搜索一下，许多都来源于传统媒体。实际这上体现了网络新媒体的资源匮乏，缺乏原创内容，潜藏着知识产权纠纷等危机。

2.3.6　中国新媒体：交互式网络电视（IPTV）新媒体

IPTV 是"三网融合"的一个典型应用，涉及互联网、电信网和广播电视网。因此，实际上，IPTV 是把 IP 运营模式、TV 运营模式与 Web 媒体模式相互融合。电信具有成熟丰富的网络营运经验，但缺少内容营运经验，主要是向用户提供稳定和可管理的电信服务。而传统 Internet 不存在运营商，缺乏运营概念，传统的 TV 以 FlatRate 运营模式为主，其网络营运和网络推广的经验无法与电信营运相比。因此，运营 IPTV 并不能单独使用这三种传统营运方式，也不能把三者简单合并，而要把电信的管理和营运理念贯穿在 IPTV 的运营中，同时以 TV 的消费体验展现出来。

根据《中国 IPTV 市场 2006 至 2010 年预测与分析》报告（由 IDC 发布），2005 年我国 IPTV 的用户规模已经超过 30 万户（包括试验局），比 2004 年增长了 574%（2004 年只有不足 5 万用户）。同时，2010 年我国内 IPTV 的市场用户规模已接近 1000 万。中国网通、中国电信很早就均将 IPTV 看作推动企业转型的一个重大市场机遇，十分重视 IPTV 的建设。2005 年，我国 IPTV 的市场规模约为 6.1 亿，而 2006 年约为 30 亿元，预计 2008 年可能超过 148 亿元。（数据源自 2006 年 3 月 CCWRESEARCH）。

2005 年，随着我国颁发首个 IPTV 牌照，扩大了 IPTV 的试点范围，各种 IPTV 设备相继问世，整个广电和电信市场都为之而动，似乎使我们看到了黎明的曙光。2005 年 6 月，中国电信与上海文广签约，将选择上海、浙江、江苏、广东和陕西 5 个省市的 17 个城市进行试点 IPTV。在双方共同推进的第三轮试验中，将 IPTV 的试点城市从原来的 17 个扩大到 23 个。与此同时，上海文广和中国网通的合作也在扩大，试点范围也进一步扩大到 20 个城市。华为、中兴、西门子、思科、Juniper、上海贝尔阿尔卡特等电信和网络设备厂商争相提供自己的 IPTV 相关产品和整体解决方案；长虹、康佳、TCL、海信等家电厂商也相继推出支持 IPTV 的新产品；UT 斯达康甚至放弃 3G 业务，将重点转向 IPTV；微软参加了 IPTV 测试设备的招投标；盛大也开始抢抓机遇，为其将要上市的 IPTV 盒子造势。总之，从芯片制造商 INTEL，软件公司 Mierosoft，到设备制造商思科、中兴、华为和 UT，再到电信运营商、内容供应商、终端家电厂商，IPTV 牵动着一整条产业链。

近几年，国内 IPTV 试商用地区与规模不断扩大，影响力也在不断提高，另外随着人们对数字化、网络化、流媒体化娱乐媒体认知度的提高和需求的上升，中国 IPTV 业务市场保持着稳定增长。2006 年，中国 IPTV 用户数量为 45.6 万户；2007 年，中国 IPTV 用户数量为 120 万户；2008 年，中国 IPTV 用户数量为 240 万户；2009 年，电信重组、运营商向全业务转型，也为 IPTV 业务发展提供了前所未有的机遇，随着政策、市场、产业链进一步完善，IPTV 作为融合业务的一个重要载体，稳步发展，该年中国 IPTV 用户数量为 430 万户。2009 年被誉为是中国 IPTV 产业发展的图变之年。该年中国大陆地区 IPTV 用户数达到 470 万，其中上海 IPTV 用户突破百万，居全球第一。2010 年，中国 IPTV 用户数量达到 600 万户，2011 年，中国 IPTV 用户数量达到 1350 万户。截至 2012 年三季度，中国 IPTV 用户数量达到 2830 万户，截至 2018 年 7 月底，用户总数达 1.45 亿户，占全球超过 25%，用户活跃度稳定超过 70%。IPTV 进入良性发展，也很好地促进了宽带发展。另一方面，IPTV 的业务模式及内容也在不断丰富，功能方面：目前 IPTV 已经在节目播放中普遍提供了点播、回看、时移、轮播等多种互动功能；内容方面：包含了电影大片、热门电视剧、游戏娱乐、时尚生活、财经体育、人文地理等精彩节目，还有阳光政务、互动社区、互动休闲娱乐、电子商务等各式增值服务，可以充分满足用户对个性化、多样化、互动化的媒体需求。在产品方面，IPTV 视频节目从标清扩展到高清，直播频道超 100 个，点播时长超过 3 万小时，每月更新量超过 3000 小时。同时附带的还有 20 多种增值产品，如卡拉 OK、多媒体娱乐、游戏等，增值业务收入占总收入比超过 15%。中国电信科技委主任韦乐平表示电信 10 年转型最成功是 IPTV，并指出中国电信 IPTV 历经 10 余年发展，已成为宽带上最重要的应用产品。同时，作为 IPTV 产业链上的重要一环，IP 机顶盒整机的市场发展前景广阔，截至 2016 年末，中国 IPTV 数字机顶盒（标清）市场规模达到 4842 万台，IPTV 数字机顶盒（高清）市场规模达到 3179 万台。并且随着中国电信"宽带中国光网城市"工程的深入实施，未来中国 IPTV 数字机顶盒（高清）市场将快速启动。

随着新一轮电信重组的完成，我国运营商不同的发展战略对 IPTV 的发展将形成不同的影响。对于三大全业务电信运营商来讲，IPTV 都会是其业务组合中非常重要的一环，同时随着"三网融合"的迅速推进，IPTV 这种既能够迎合用户收看，又具有强力竞争能力的业务势必随着政策的开放得到迅速的发展。

2.3.7　中外新媒体产业分行业差异分析

在国外，新媒体产业中的手机、网络、IPTV 等分行业呈现出欣欣向荣的新一轮发展热潮，充分体现出个性化、便利化、普遍化、法制化、融合化、宽带化等特征。

其中，手机新媒体在个性、便利化、普遍化需求方面，做到了无限延展，从而形成一片汪洋蓝海和浩大的新媒体产业商机。各种音视频服务相互融合交叉，或关注个性或照顾共性，日新月异，丰富而多元。德国、美国、英国纷纷进行技术试验，分别采用 DAB–IP、DVB–H 等技术标准等开展手机新媒体的个性运营服务便利化。在手机媒体大国日本，手机支付用户已占总人口的 40%，手机支付市场规模达到占移动互联网产业总收入近 20%，几乎所有的日常消费均可通过刷手机解决。手机支付，让使用者将现有手机变成一部可以刷卡、支付的多功能手机。"电视无处不在"已经从视听服务的理想和口号变成众多服务商切实的商业模式，韩国走在手机电视商业化的前沿，在 2004 年便推出了 TUMedia 手机电视收费服务。另外，"普遍服务"是发达国家广播影视的基本服务原则之一，在视听新媒体时代，这一理念随着媒体的延伸而延伸。

国外在网络新媒体的管理上，尽管方式各异，但总体来说是法制化特点很强。世界各国，尤其是一些互联网应用较为发达的国家，早已开始了针对互联网的法制探索，寻求办法，以将这一恣意横行又给现代人带来许多便利和惊喜的新媒体产业纳入规范之中。尤其在微博方面，可谓是政府积极参与，同时利用法律和制度措施，引导网络新媒体形成正确的舆论场。美国总统、英国首相、德国总理和法国总统等各国领导人利用微博树立国际形象，与选民互动也逐渐成为政界新时尚。微博等网络新媒体成为国际政要们包装自己、宣扬党派理念、国家外交政策和方针的扬声器。

国际上，IPTV 新媒体充分体现出了融合化、宽带化特点。以法国、德国、意大利、比利时和美国、英国等为代表的许多发达国家都先后取消了广电行业和电信行业之间的不对称进入壁垒政策，实现了竞争、融合和共生的持续增长态势。

与国际新媒体产业中的手机、网络、IPTV 等分行业现状相比较，中国的新媒体产业分行业的发展无论在商业模式、运营模式还是业务模式上，都还处于探索阶段。

中国手机新媒体市场规模尚未形成，产业链合作模式仍在不断探索，各项政策也并不十分明朗，尚处市场导入期。随着中国电信业开放幅度的增加，国外的运营商很快会将厮杀的战火烧到中国。

中国的网络新媒体存在产业链各个环节严重不平衡。主要表现为内容环节发展速度滞后于发布分销环节，内容原创能力不足，国内正版影视节目供给不足等。同时，网络新媒体面临的不仅仅是技术问题、业务问题，更涉及管理问题。要处理好如何在确保文化安全的前提下，促进其发展的问题。中国网络新媒体产业还存在管理力量不够强大，管理法规执行困难，现行管理框架不适应新媒体产业的中长期发展，管理法规体系不健全等现实问题。随着网络新媒体的影响力不断扩大，人们的话语权不断提升，在此背景下，如果相关法律政策不能及时出台，那么如果在遭遇重大事件、突发事件时，很可能对社会稳定和经济发展造成不良的影响。另外，网络新媒体还存在着版权问题，目前中国还缺乏视听新媒体内容版权价值的综合评估体系。

中国的"IPTV 蛋糕"刚刚开始烘烤，各方利益分配的难题就已经严重阻碍了 IPTV 产业的可持续发展。由于中国 IPTV 业务起步时间较晚，还没有形成一条完整的产业链，只是初步形成了一个雏形。

2.4　中国新媒体产业发展面临的机遇与挑战

本章论述了新媒体产业在全球经济发展中的重要地位及特点，分别陈述了国际、国内新媒体产业及其分行业的发展状况，并对国内外新媒体产业及其分行业现状做了比较分析。

（1）国际新媒体产业发展呈全球化趋势。众多跨国新媒体企业开始全球化的产业整合，并适时利用各个国家的资源以降低生产成本。当前的新媒体产业发展趋势体现为布局全球化、市场开拓和技术研发创新化、竞合一体化、三网融合化、经济规模化、产品功能化、资源集约化等几个方面。

（2）目前，我国新媒体产业正处于快速发展期，广阔的市场与日渐凸显的影响力，吸引资本大规模流入，营销价值增强，国际化竞争加剧，整体产业向纵深挺进。目前产业发展的现状是：总体市场规模快速增长；新媒体企业稳步发展并日益规范；各类新媒体业务之间更多地出现跨平台融合发展，取得多赢效果；移动互联网业务成为新媒体发展的一个焦点；新媒体产业的政策环境进一步放宽，市场化运作成为主流。

（3）从新媒体产业的国际比较可以看出，国外的新媒体产业往往特色鲜明。相比较而言，我国的新媒体产业特色还不够突出。在基础竞争力方面，我国大部分新媒体产业存在原创力不足，大部分企业仍从事各种新闻内容的简单编辑工作；在核心竞争力方面，技术创新仍是中国新媒体产业系统中所要面临的关键的问题；在环境竞争力方面，我国政策推进情况，与新媒体产业强国相比，还有较大差距。

（4）从新媒体产业的国际比较可以看出，国外的新媒体产业往往特色鲜明，相比较而言，我国的新媒体产业特色还不够突出，大部分新媒体产业的原创力不足，技术创新仍是产业系统中所要面临的关键问题；同时相应的政策推进情况还需要进一步完善。

（5）最后，本章对国际、国内新媒体产业中的手机、网络、IPTV 等分行业进行了差异分析，指出近几年，尽管我国新媒体产业分行业发展速度较快，但与国外新媒体强国相比还有很大差距，发展的质量以及持续力仍有待加强。

第3章　新媒体产业国际竞争力理论

3.1　国际竞争力理论

产业国际竞争力研究的目的不仅仅是忠实地刻画特定产业的国际竞争的实际结果，而且，需要探寻各国特定产业的国际竞争力的决定因素或重要因素，从而达到揭示各国产业国际竞争力的因果链条关系。直观上，产业或产品的市场竞争力主要取决于成本和产品的差异性（质量、性能、品种、品牌和服务等）这两种因素，但是，进一步研究不难发现，其又会取决于许许多多其他因素，这些因素也就成为产业国际竞争力的间接决定或者影响因素。沿着此因果链条进行追溯，将发现产业国际竞争力的决定或影响因素几乎渗透入经济、社会、文化、政治等诸多方面，从而无法界定产业国际竞争力研究对象的外延。为此，参考现有研究文献，本书选择迈克尔·波特（Michael Porter）教授对于产业国际竞争力的研究作为接下来产业国际竞争力的经济分析范式。

迈克尔·波特首先把产业定义为直接相互竞争产品或服务的生成企业集合。由此定义可知，产业内产品的相对竞争优势的来源相仿，例如打印机、牛奶等都可以独立地作为一个产业。这一定义同时可以把企业、产业和国家结合起来，为建立分析产业国际竞争力的框架奠定基础。基于此，迈克尔·波特提出了著名的产业国际竞争力"钻石体系"理论。这一理论认为一国的特定产业的竞争力取决于四类基本因素：（1）生产要素，包括人力资源、自然资源、知识资源、资本资源、基础设施等，其中，特别强调的是"要素创造"，而不是一般的要素禀赋；（2）需求条件，包括市场需求的量和质（需求结构、消费者的行为特点等）；（3）相关与辅助产业的状况；（4）企业策略、结构与竞争对手。此外，政府和机遇是两个不可或缺的因素。"钻石体系"的特点体现是：每个点以及体系本身，都会影响企业和产业在国际竞争中获得成功的基本条件。同时各点的作用也受其他点影响，从而相互支撑。任何一点出问题，形成短板，都会制约整个产业进步和升级的内在潜力。每个点也会自我强化，从而构筑成一个子系统。特别地，国内市场的竞争与地理集中性将整个"钻石体系"催化为整个系统，这是因为国内市场的竞争足以改善其他关键要素，而地理集中性足以增强四类基本要素的互动性。

迈克尔·波特进一步提出了产业国际竞争力四阶段学说，将产业国际竞争力的成长阶段大致分为四个阶段：要素驱动阶段、投资驱动阶段、创新驱动阶段和财富驱动阶段。前三个阶段是产业国际竞争力的上升时期，最后一个阶段是衰落时期。具体而言，受益于某些基本的生产要素，典型地，如丰富的自然资源等，便开启了要素驱动阶段。进一步，通过要素驱动阶段确定的产业国际竞争优势，促使国家以及企业增强投资意愿，实现扩大生产规模，增加产品的数量以进一步获取竞争优势，构成了投资驱动阶段。再者，借助于上一阶段的积累，开始不仅满足于从其他先进国家引进技术，还将开始创造和发明新的技术，最终达到以技术创新作为驱动产业国际竞争力进一步拔高的核心动力。最后，得益于之前领先的国际竞争力，财富在逐渐积累，并逐步取代创新，成为新阶段国际竞争力的核心驱动力，这也标志着财富驱动阶段的到来，以及产业国际竞争力衰落的开始。通过前面三个阶段发展，取得实力的企业试图将自己的利益寄希望于对于国家政策的影响和操纵，其中广泛存在的企业兼并和收购一般会是财富驱动阶段转变的一个标志。兼并和收购并没有从根本上增强现有企业的竞争优势，而是想通过财富改变现有市场格局，因此往往损害了产业的创新，将带来产业国际竞争力衰落的局面。

产业国际竞争力大讨论之后，迈克尔·波特的理论归纳了各派的观点，力图为产业国际竞争力的优势提供完整的解释。他总结，由于资源禀赋以及比较优势不同，具有竞争优势产业的选择也会不同。这就导致，任何国家一般都不可能在全部产业取得竞争优势，只要在一些关键产业领域具备竞争优势，最终提高国家的产业和经济的国际竞争地位，进而增强整体国家竞争力。

3.2　新媒体产业国际竞争力的内涵及界定

3.2.1　新媒体产业国际竞争力的界定

新媒体产业作为一种新生事物，存在诸多不确定因素，社会各界对于新媒体产业仍处于摸索阶段，所以在内涵与外延上还未形成一致观点，所以，本书认为，新媒体产业国际竞争力依然要遵循比较产业的限定。本书将根据国际竞争力的研究理论和新媒体产业的特点，对新媒体产业国际竞争力的界定进行探讨。

在经济学界中，产业国际竞争力被定义为：一国特定产业用其比其他国家高的生产力、向国际市场推销适合消费者需求的产品，并能够持续盈利的能力。在产业国际竞争力的研究中，产业概念被界定为：同一产业或产品，即同类产品及其可替代产品的集合，同类产品及其可替代产品的生产经营活动的集合，以及生产经营同类产品及其可替代产品的企业的集合。

金碚博士认为，国际竞争力是国际间在贸易自由的前提下，一国某特定企业的产品所具有的开拓市场、占据市场并以此获得利润的能力。

据此，本书认为，新媒体产业国际竞争力的比较，是不同国家在同一产业领域中的竞争优势比较，在区域性市场中进行比较则更具有可比性。经济学界认为，竞争优势和贸易理论中的比较优势的主要不同是，比较优势指的是国际间两个国家不同产业的相对竞争优势，而竞争优势则是国际间同一产业的绝对竞争优势。同时，一国生产的产品即便不具有比较优势，但有可能在国际市场中具备比较优势，因此，同一产品的国际竞争优势具有比较的意义与价值。

本书的观点是，新媒体产业竞争力是处于宏观国家与微观企业间的中观竞争力研究。其特征可以归纳为以下三点：（1）新媒体产业是一个包含比较优势的概念，关涉到区域或国家间经济关系的国际经济学概念；（2）新媒体产业强调的是产业内部的融合、协调与相互辅助。并非指单个企业竞争力，而是产业内企业间的相互关系，如何通过产业内企业资源整合、组织协调与有序竞争，拉动产业竞争力的提高，是新媒体产业需要解决的问题；（3）一定意义上，新媒体产业的竞争力的优劣，直观的表现形式是它所提供的产品或服务在国际市场上所占的份额以及产业的成本收益。

总之，本书根据国际竞争力的理论及新媒体产业的特点，把新媒体产业国际竞争力界定为：与其他国家相比，一国新媒体产业通过生产和销售新媒体产品，提供新媒体服务，占有市场、获得利润、创造出比其他国家更多的新媒体财富增加值的能力。

3.2.2　新媒体产业国际竞争力的内涵

与一般产业相比，作为提供精神产品的新媒体产业，既具有与其他产业相共通的特性，又拥有其独特个性的一面。

新媒体产业国际竞争力标志性的特性包括：

（1）社会意识形态性。新媒体产业不仅是大众传播的媒介，而且也是有效的政治舆论工具，其可以达到宣扬或抵制某种意识形态的作用。（2）娱乐性。新媒体产业的产品，不仅可以满足人们对消遣娱乐的需求，而且能够满足人们追求娱乐的功能。（3）特殊性。由于消费者的思想观念、消费立场的不同，其对新媒体产品价值的评判标准也不同，从而使新媒体产品体现使用价值的个性化。而这种价值观使新媒体产品的价格无法量化。（4）无形性。新媒体产业是一种能耗小、污染少、没有公害的环保产业，具备可持续发展的条件。同时，新媒体产品具有渗透性，可以与其他产业共相融合。（5）附属性。新媒体产业的发展不能独立生存，其需要依赖于社会经济、制度环境、政府相关政策及其他行业的发展，特别是科技发展。

在上述标志性的特性影响下，新媒体产业国际竞争力的内涵可以从三个方面来把握：第一，新媒体产业特别强调政治舆论宣传作用，关注有效的意识形态传播效果。第二，新媒体产业特别强调科技发展，应该更关注如何培育技术创新和人才队伍。第三，新媒体产业特别强调社会和经济的协调发展、可持续发展，这就要求不能单纯追求经济增长，而要求产品具有能满足人们娱乐功能的同时，重视内容原创力。并且，需要其产品具有较强的渗透性，可以与其他产业相融共生，防止销售渠道不畅，带来产业链断裂状况。

3.3　新媒体产业国际竞争力理论框架

尽管到目前为止，国内外学术界没有统一的新媒体产业国际竞争力定义，但在核心含义的理解上基本形成共识：与其他国家相比，一国新媒体产业通过生产和销售新媒体产品，提供新媒体服务，占有市场、获得利润、创造出比其他国家更多的新媒体财富增加值的能力。

事实上，20 世纪 80 年代，产业竞争力正式成为经济学术界理论研究的对象。由于国际竞争力主体的多元化性、空间的广泛性和结构的复杂性，对其内涵的研究也有不同的理解和诠释。不过，国际经济学界关于产业国际竞争力本质问题的认识为新媒体产业发展战略提供了理论基础。就此，本节将对新媒体产业国际竞争力的重要理论基础进行阐述分析。

3.3.1　新媒体产业的产业经济学理论基础

毋庸置疑，尽管新媒体产业与其他产业相比较存在一定的特殊性，但它仍要遵循产业经济学的发展规律。因此，新媒体产业国际竞争力研究需要产业经济学理论知识的支撑。

实际上，在传统产业竞争力的理论研究中，B. 巴拉萨（B. Belassa）

在 1964 年第一次提出国际竞争力的概念。他提出，一个国家在国际、国内市场上的销售能力获得提高或降低，就可以被认为是这个国家更具备或更缺乏国际竞争力。1776 年，英国古典经济学家斯密便在《国民财富的性质和原因的研究》中提出了绝对优势理论。斯密提出，每一个国家都有适宜生产其特定产品的绝对有利条件，各国用具有绝对优势的产品进行交换，那么双方都能获得绝对利益的好处。1985 年，世界经济论坛的《关于竞争力的报告》提出，国际竞争力是企业主在未来环境中，以比其国内和国外的竞争者更拥有诱惑力的价格和质量，并以此来设计生产和销售货物，同时提供服务的能力和机会。

新媒体产业研究离不开产业组织理论基础，它是产业经济理论的重要部分之一。A. 马歇尔（Alfred Marhsall）在 1890 年出版的《经济学原理》中，提出了"组织要素"。马歇尔的组织概念中，不仅包含了企业内的组织形态，还涵盖了产业内企业之间、产业之间的组织形态，还包括了国家组织形态。产业组织理论则是从研究产业内企业组织形态而获得的。

在新媒体产业领域里，组织创新理论的主要体现也是由原来的组织形式发展到一种新的组织形式。因此，在企业内部组织结构的变革被称为组织创新；而企业之间的合并、联合、兼并也可以称为是组织创新；独立的科技开发机构进驻企业或与企业联合也可以称之为一种组织创新。事实上，组织创新也就是一种市场行为，其最终目的是为了提高经济与科技资源的有效配置效率，取得最好的产业绩效。

3.3.2 新媒体产业的产业国际竞争力理论基础

在新媒体产业国际竞争力的研究中，将运用到一些产业国际竞争力的理论。其目的是要用新媒体产业国际竞争的实际结果，去具体分析影响新媒体产业的国际竞争因素，寻找导致产业国际竞争力结果的真正原因，阐释和论证产业国际争力的具体因素关系。

首先，要提及大卫·李嘉图，他在亚当·斯密的绝对优势理论基础上，进一步提出了比较优势理论。李嘉图认为，只要国家之间存在着生产技术上的相对差别，就会存在生产成本和产品价格的相对不同，而使国家之间在不同的产品上，具有比较优势。至此，李嘉图还认为，生产技术的差别是影响产业国际竞争力的主要因素，在生产技术上处于最有利地位的产业，它的商品在国际市场上具有很强的竞争力。该理论还认为，市场机制把一个国家的资源配置给予了具有相对较高生产率的产业中去。这预示着，一个国家会考虑进口在世界上生产成本更低的产品，因为它在生产中更有效率。在假定生产技术是给定的外生变量时，比较优势理论能够说明一国产业的竞争力是取决于具有相对优势的产业，但是企业的报酬与生产规模无关，只考虑劳动生产要素，将生产成本的差异作为分析问题的核心。该理论的缺点是，理论相对简单，还不能完全解释产业贸易和区域间贸易。

其次，新媒体产业竞争力还将运用到迈克尔·波特的产业国际竞争力理论。美国哈佛大学迈克尔·波特教授是研究当代国际竞争力理论的代表人物，他提出了竞争优势理论。他认为，应该用竞争优势理论去解释产业竞争力的问题。竞争优势与比较优势的区别在于，比较优势提及的是各个国家不同产业（或产品）间的关系，而竞争优势提及的主要是各个国家之间的同一产业的关系。竞争优势更强调各个国家、各个地区之间相同的产业在同一国际竞争环境下，所表现出来的不同的市场竞争能力。波特还提出了用来解释国家竞争力的"国家竞争优势模型"、用来解释产业竞争力的"5种竞争作用力模型"、用来解释企业竞争力的"价值链"分析方法等研究理论，形成了一个能够涵盖国家、产业、企业三种竞争力为主体的国际竞争力理论研究体系。

再次，新媒体产业竞争力的研究也常常运用到波特教授提出的"钻石"模型理论。该理论认为一国的特定产业是否具有竞争力取决于四个基本因素：（1）生产要素。包括人力资源、自然资源、知识资源、资本资源、基础设施等，其中，尤其强调"要素创造"，而不是通常所说的要素禀赋。（2）需求条件，包括市场需求的量和质（需求结构、消费者的行为特点等）。（3）相关与辅助产业的状况。（4）企业策略、结构与竞争对手。此外，政府和机遇是两个不可或缺的因素。钻石体系的每一个点，以及体系本身，都将会影响到企业和产业在国际竞争中获得成功的因素。

最后，新媒体产业国际竞争力研究也常常要考虑资源禀赋理论，该理论由瑞典经济学家俄林提出。他认为，国际分工与国际贸易产生的原因是由于各国资源禀赋和要素利用的差异。他提出贸易的首要条件是一个地区的出口商品含有比其他地区便宜的生产要素。

同时，赫克歇尔和俄林对比较优势理论做了进一步发展和完善，他们创立了要素禀赋论。该理论提出一国在贸易中的比较优势来源于生产要素的丰裕程度（如土地、劳动力、自然资源和资本等）。一个国家的生产和出口，大量使用自己国家的生产要素产品，其产品必然价格就低，也就具有相对竞争优势。与比较优势理论相比，要素禀赋是从生产产品的投入要素价格的差异来反馈比较优势的。投入要素价格的差异最终是由每个国家对最终消费产品的需求决定的。而比较优势理论则是从每个国家生产率的差异来反映成本和价格的差异。

3.4　新媒体产业国际竞争力的具体方面

新媒体产业竞争力的表现形式是多层次的。从投入和产出的角度来看，新媒体产业竞争力表现为以最小的投入获得最大的收益；从市场占有的角度来看，新媒体产业竞争力表现为在国内和国际市场上占据越来越大的份额；从新媒体产业的内部结构来看，其竞争力表现为新媒体产业各种生产要素的合理有效的组合；从新媒体产业所具有的精神性来看，其竞争力则表现为向公众提供越来越丰富的文化产品。总而言之，新媒体产业国际竞争力是一个比较概念。从国家角度谈新媒体产业竞争力，是指与其他国家相比，本国文化企业通过生产和销售文化产品、提供各种文化服务、占有市场和获取利润的能力，它既是一种现实的竞争能力，也包括可持续发展的能力。作为最近发展起来的新兴企业，综观世界，各国都在积极地进行在新媒体产业的实践与探索，以加深对新媒体产业链的深入了解，有效促进其竞争力水平。为细化对该产业竞争力水平进行衡量，本小节我们重点从基础竞争力、核心竞争力、环境竞争力三个方面对新媒体产业国际竞争力进行细化考察说明。

第一，基础竞争力（市场基础和内容生产）。

作为一种新型业态，新媒体产业发展初期，国家的调控和引导是必不可少的，政府不仅要在硬件上（新媒体产业所需要的基础设施支撑，如便捷的数字网络服务，广泛的公共技术服务平台）提供支持，更要助力企业积极拓宽新媒体产业的用户规模和产品销售渠道，为新媒体产业的发展奠定良好的市场基础；另外从新媒体产业的价值链来看，通常分为如下几个方面：分别是内容创意、内容制作、生产复制、交易传播四个环节，前三个环节都是基于新媒体内容为主体的，韩国媒体产业振兴院院长徐炳文认为，随着信息通信网时代的到来，21世纪，"创意性的文化内容"是新媒体产业的发展趋势，在未来的国际竞争中产品内容亦是确保新媒体产业竞争力的重要基础因素。

第二，核心竞争力（技术以及产业模式创新）。

作为新兴产业和知识集聚型行业，新媒体产业的核心竞争力在于技术以及产业模式的创新，其为新媒体产业国际竞争力发展保驾护航。新媒体产业从某种程度上来说，是一种注意力的经济行为，技术发展促使传者和受者身份平等，使得原来处于垄断地位的主流文化受到各种多元文化的冲击。在传统媒体中，"把关人"角色往往是和"权力集团"交织在一起的，如政治集团抑或是商业集团，这些集团的利益诉求让传统媒体在意见上常常具有一定的倾向性，进而影响大众对此方面信息的接受度。而在新媒体中，信息发布者的身份模糊以及多元的利益诉求则逐渐消解了权力的控制。

信息技术革命带来的硬件设备更新和新媒体传播技术不断降低新媒体产业的运行成本，只要有硬件设备以及网络，便可以进行信息的发布及传播；同时相关技术的演进使得信息的传播时间得以极大缩短，信息的容量以乘积式速度增多，这有力提升了产业的利润空间；因此，技术的支撑和创新是新媒体产业发展的重要基础。另外，新媒体产业是整合式的产业发展模式，产品并非单一样态，而是整合了数字、文字、图片、视频、音乐等多种文化元素的组合产品，所以新媒体产业的运行需要整合不同产业优势资源，实现协同发展，这一过程中产业模式的不断创新和升级具有重要意义，它使得新媒体产业的产出效率得以提升，规模报酬得以递增，竞争力得以增强。

第三，环境竞争力（环境法规和政策）。

作为"无形的手"，市场通常认为是实现资源的优化配置和效益最大化的重要手段，不过这是建立在有序市场基础之上的，在市场初期，新媒体产业无法在政治、法律制度等方面获得自动调和，从新媒体产业的发展需求来看，国家政府介入进行指导、规范、监督具有重要意义。比如类似于传统媒体，新媒体也承载着文化传播的意义，如何有效结合新媒体形式同传统媒体内容，推动信息和文化传播的质量和内涵；如何在媒体消费方式变革的过程中，规范市场行为，有效推动新媒体产业的发展同用户的现实以及潜在需求相吻合；如何推动新媒体产业的发展成为文化产业领域里一个新的经济增长点；这些都需要政府的政策法规规范来去为该产业塑造一个健康的、有效的外部环境，以提升新媒体产业的活力。

另外，全球化竞争日趋激烈的背景下，新媒体产业在国与国之间相互渗透，作为软实力的体现和未来知识经济时代的重要产业组成部分，各国政府有必要通过政策扶持为产业发展提供保障，确保该国新媒体产业国际竞争力的增加。

3.5　国内外研究现状

3.5.1　国外关于国际竞争力的研究

美国从 20 世纪 70 年代末开始对国际竞争力问题给予高度关注，美国率先开展了相关方面研究。起因是由于经济全球化进程的深入，部分国家企业的国际竞争力下降。美国经济二战后受到法国、德国、日本等国挑战，导致部分产业竞争力下降。

　　在美国，失去竞争优势的残酷现实，引起政界、舆论界和学术界的恐慌。里根总统在1983年6月还任命了一个由30名成员组成的"工业国际竞争力总统委员会"（PCIC, President's Commission on Industry Competitiveness），该委员会是世界上第一个由政府设立的竞争力研究组织。1985年，该委员会发表了《全球竞争——新的现实》的报告，此报告助推了学术界对产业竞争力问题探讨的力度。1988年，美国哈佛大学肯尼迪政府学院的企业与政府研究中心出版了论文集《国际竞争力》。20世纪90年代以后，国际竞争力研究受到了更加广泛的开展，同时也在政府决策中发挥重要作用。

　　美国哈佛大学教授迈克尔·波特是最早系统地、全面地研究竞争力以及国际竞争力的学者，他先后出版了有关竞争力研究专著《竞争战略》《国家竞争优势》《竞争优势》，其专著从微观、中观和宏观三个层面进行了探讨，提出了竞争战略理论。波特认为，工业竞争力必须专注于研究，他建立的"钻石模型"从生产要素、国内需求、相关和支持产业、战略结构和竞争、机遇和政府等6个方面因素来分析一国该如何获得国际竞争力。

　　在美国国际竞争力得到大力发展的时候，欧洲一些国家政府也对国际竞争力研究的深入开展起到了重要的推动作用。这些国家政府不仅对独立研究机构的相关科研活动大力支持，而且政府所属的研究机构还直接参与到国际竞争力的研究中。总部设在日内瓦的世界经济论坛（WEF, World Economic Forum，其前身为欧洲经济论坛）于1980年率先提出国际竞争力的课题。此后，世界经济论坛组织开展了国际竞争力研究并陆续发表专题报告，并以此为基础在1985年发表了一份关于国家国际竞争力的研究报告。1986年，欧洲对国际竞争力的研究已经构成了一个独立的研究体系。

　　在瑞士，1989年，世界经济论坛和洛桑国际管理发展学院（International Institute for Management Development, IMD）合作，对国家竞争力和企业竞争力这两个主要方面进行了国际竞争力的研究，并建立了国际竞争力的模型。IMD提出了国家之间的竞争是在某些情况下的行业竞争中，通过提升行业环境因素，评估该国所具备的竞争力。至今，瑞士国际管理发展学院依然坚持每年在其《世界竞争力年鉴》（*The World Competitiveness Year-*

book）中发表有关国家的竞争力指标状况。更值得一提的是，瑞士国际管理发展学院和世界经济论坛在对各国国际竞争力进行评价排名过程中所采取的评价指标体系都有所区别。世界经济论坛 2000 年的评价指标体系主要由成长竞争力指数和现行竞争力指数两项指标构成。现行竞争力指数，则主要是为了确认那些能够支撑一国目前高生产力及其未来经济发展趋势的因素。

　　IMD 的研究认为有四个关键的基本力量：（1）本地化与全球化；（2）吸引力与渗透力；（3）资源与工艺过程；（4）个人冒险精神与社会协调发展。这四种基本力量通过一国的国内经济、国际化程度、政府决策水平等客观状况，反馈出此国家的竞争力评价。IMD 的十大金科玉律指出：（1）建立一个稳定的、可预见的法律环境；（2）投资于传统的和技术的基础设施；（3）塑造一个灵活、有弹性的经济结构；（4）促进个人储蓄和国内投资；（5）发展向国外市场渗透的能力和国内吸引外资的能力；（6）改善工资水平、生产率和税收之间的关系；（7）追求政府行为的质量、速度和透明度；（8）通过缩短工资差距，加强中产阶级层，保持社会结构；（9）教育方面的巨额投资，尤其是高中教育和终身培训；（10）确保居民的价值观，通过协调全球经济中的储蓄财富，以确保经济增长。

　　在英国，20 世纪 70 年代末 80 年代初，在国内经济衰退和巨额贸易赤字的双重压力下，政府对本国国际竞争力问题给予了高度重视。1985 年，英国上院海外贸易委员会提出了专门报告，并指出英国要清醒地认识到，制造业和贸易上的成功是个人幸福和国家繁荣稳定的先决条件。2014 年，世界经济论坛（WEF）将国际竞争力定义为决定一国生产力水平的制度、政策及要素的集合，同时国际竞争力由多方面因素组成，主要因素为产业环境、劳动生产率、利润率及市场占有率。其中一国的产业环境、劳动生产率对其国际竞争力起决定性作用，而利润率、市场占有率则是国际竞争力的最直接的体现。

　　总体来看，世界各国对国际竞争力的研究主要包括 8 个方面的内容，即国际化程度、经济实力、政府作用、基础设施、金融环境、管理制度、科学技术和国民素质等。如今，随着各国对国际竞争力关注的增强，对国际竞争力的研究也进入了深入阶段。阿罗拉等人（Aroraetal，1997）在确认供应商的各种竞争要素的情况下，更加注重市场需求因素的大小。他指出，即使一个产业的经济规模和学习效果较弱，但在大的市场规模中有利于提高行业竞争力。他们对美国、日本和欧洲的石化行业、炼油行业进行比较研究时，表明欧洲和日本一般性的产业竞争力比美国强，但在一些专利性和技术性高要求的产业，美国的竞争力则相对较强。

3.5.2　国内有关竞争力问题的研究

中国国际竞争力研究自 20 世纪 90 年代开始，1995 年后受到来自各界的广泛关注。行业、企业案例研究和实证研究的竞争日益增多。与国外研究相比，我国政府机构参与和发起的竞争力研究较少。总体而言，我国对国际竞争力的研究将深入展开，呈现出不断发展的态势。

1989 年，我国原国家体改委与世界经济论坛、瑞士洛桑管理学院商定进行合作，其中部分中国数据被纳入《全球竞争力报告》（1993 年），1994 年，中国加入此报告的分项目比较研究，1995 年中国进行此报告的全部项目比较研究并参加全球竞争力排序。

1991 年，中国科学技术委员会发表有关研究机构的重大软课题"国际竞争力研究"，狄昂照、吴明录等承担了此课题。1992 年课题组出版了《"国际竞争力"报告》，报告包括国际竞争力的概念、定义和测量方法的翔实研究，提出 8 个方面（即工业效率、经济活力、金融活力、人力资源、自然资源、对外经济活动能力、创新能力和国家干预）的评价国家的国际竞争力研究因素。报告建立了评价指标，用 20 世纪 80 年代末亚太地区 15 个国家和地区的国际竞争力数据进行评价，该报告成为中国第一个关于国际竞争力的研究专著。

1995 年中国社会科学研究院，发出招标课题"中国工业国际竞争力的比较研究"。1997 年课题组发表了专著《中国国际竞争力——理论、方法与实证研究》。此书两个部分的主要内容为：一是根据自己的研究系统，即书中采用的方法，根据新的统计数据，对我国产业的国际竞争力进行分析；二是对产业竞争力的国内外研究成果进行了汇编，研究出了适合我国产业发展的竞争力分析框架和统计分析模型。并进行产业的竞争力分析，成果具有相当的影响力，成为我国第二部有关国际竞争力方面研究的专著。

1996 年，由原国家体改委经济体制改革研究院、中国人民大学、深圳综合开发研究院等三家单位联合组成的中国国际竞争力研究课题组，于 1997 年 3 月出版了《中国国际竞争力发展报告（1996）》。该报告将 381 个指标数据运用到中国国民经济国际竞争力的分析之中，内容涉及宏观经济、科学技术、政府管理等方面。

1998 年，中国社会科学院研究员裴长洪对外资与产业国际竞争力的相关问题进行深入研究，并出版了《利用外资与产业竞争力》专著。

武汉大学经济学系邹薇（1999）应用国际竞争力的显示性比较优势（Revealed Cooparative Advantage，RCA）指标，指出单纯依靠劳动密集型产业和人民币贬值的方式来提高国际竞争力的政策是不可取的。中国社会科学院工业经济研究所郭克莎研究员（2000）从生产率、劳动成本、经济效益、科技创新等层面进行了中国工业和世界工业差距的研究，提出了相应的建议。中国人民大学彭丽红博士（2000）进行了企业竞争力的研究，以因素分析和战略分析视角研究企业竞争力的指标体系。

自 2001 年以来，在中国社科院研究的《产业与企业竞争力研究》基础框架下，金碚等研究员在 2003 年出版了《竞争力经济学》一书，该书系统地探讨了经济学各学科关于竞争力的研究成果，以及对经济学的性质和对竞争力进行了阐释。本书是目前国内关于竞争力研究参考书目中具有权威性的成果之一。

2003 年 11 月，金碚、李佩钰、冯玉明共同出版了《中国企业竞争力报告（2003）》，本书在之前研究基础上，进一步研究了企业竞争力的监测，运用 CBC 综合指标进行分析，运用不同视角对电子通信企业、粮食酒、汽车等不同产业和企业竞争力进行监测，其研究成果颇具重要参考价值。

依据国际竞争力理论的不断发展与完善，我国学者研究了多种类型的国际竞争力测算方法。第一种是基于产业环境的因素分析法，魏后凯（2002）用市场影响力等5个因素来分析地区工业的国际竞争力水平。第二种是以生产效率为视角，分析产业的生产能力，进而反映国际竞争力。郑海涛、仁若恩等（2004，2005）基于1997年购买力平价，从不同的视角研究分析了中国制造业的国际竞争力。第三种是利用产业竞争的最终结果即利润率来反映产业国际竞争力。陈立敏（2009）通过分析生产率、市场份额及利润率等因素的关系来对比研究中美制造业国际竞争力的发展情况。第四种是用贸易竞争力指标来评价产业市场表现，庄芮、方领（2013）分别用RCA指数、TC指数和CA指数对比分析了中国、日本和韩国这三个国家的服务贸易整体和细分行业的竞争力的情况；郭京京等（2018）用MS指数、TCI指数等分析了中国产业国际竞争力的最新变化趋势。

3.5.3　国内外关于国际竞争力研究的述评

笔者通过查阅大量国内外研究文献发现，关于国际竞争力的研究重点有以下两点：（1）如何构建国际竞争力评价指标体系；（2）如何评价特定产业的国际竞争力。整体而言，国内外在国际竞争力评价方法、指标体系等问题研究上仍存在争议（例如指标的主观性过强、理论和方法片面、忽视制度环境等问题），至今未形成一致的观点。

迈克尔·波特教授的国家竞争优势学说，在研究领域占据首要的地位。同时，迈克尔·波特教授的研究也引发了这一领域的探索热潮，促进了学术进步。波特教授的研究创新之处在于，其框架是建构在经济全球化的时代背景下，主要突出制度环境的重要性。劳动力、资本、技术、资源高效等国家环境制度被有序地组织起来，从而保证未来的竞争优势。其研究表明，一国的竞争力不仅体现在对外贸易上，还在吸引对外投资上得以体现。不过，波特的竞争力评价体系也存在一些弊端（诸如国家竞争优势理论和方法存在片面性等）。另外，波特所进行的产业调查研究主要是在美国、德国、日本等9个发达国家进行的，如果运用波特的研究理论解释发展中国家产业竞争力便具有片面性。波特"钻石模型"认为市场需求的苛刻程度与高级产业的竞争力高低是正相关，而广大发展中国家的诸多产业仍处于起步阶段，无法满足苛刻、高级的市场需求，因此其研究不适合发展中国家。

基于大量的统计数据和调查数据基础之上，瑞士国际管理发展学院（IMD）评价国家竞争力的方法目前成为世界上采用最广泛的评价方法之一。不过，此种研究方法也仍存在着一些缺点（诸如评价指标的设置不尽合理；用来作为评价标准的结论存在着争议；评价框架不断变化，结果缺乏一致的可比性等）。另外，很多学者还认为，瑞士国际管理发展学院在研究中将不同竞争主体、对象的竞争力影响或决定因素放在一起加权，使结果不能令人信服。

世界经济论坛的《全球竞争力报告》把技术看作是经济增长的原动力，并具备了一个非常好的理论框架基础，其结论也有较高的科学性和政策意义，不过，该报告也存在着一些弊端，诸如过多地依赖问卷指标，使结论具有很大的主观性；报告用得较多的数据是人均相对指标，这对评价像中国这样的大国，具有不准确性等。

我国相关研究始于 20 世纪 90 年代初，我国产业国际竞争力的研究还有一定差距，诸如国际竞争力理论体系不完善，在很多问题上存在分歧。比如，我国对本国产业国际竞争力研究缺乏本土化特色。因此，本书借鉴国外先进国家产业国际竞争力的研究成果，结合我国产业国际竞争力的现实状况，探讨了我国产业竞争力存在的问题以及对策。

3.5.4　我国新媒体产业竞争力的相关研究

我国的传媒经济研究起步较晚，传媒经济作为一种门类的学科体系，在中国仍处于建构过程当中。同样地，迄今为止，我国相关于新媒体产业国际竞争力的系统、专门研究文献和成果几乎处于一片空白。不过，许多学者在传媒竞争力、文化产业竞争力等方面做了一些相关研究。

在 20 世纪 80 年代之前，因为意识形态和计划体制的制约，传媒几乎被置于与经济规律无关的地位。我国学术界将"经济"与"传媒"具体联系起来，始于20世纪80年代。1984年在厦门召开的广播电视系统函授教学工作会议上，第一次提到了"广播电视经济"的概念；1985年在重庆召开的全国首届出版科学学术讨论会上，第一次提出了"出版经济学"的概念；1992年在江西举行的中国报协全国报社经营管理经验交流会上，首次提出"报业经济"概念。至此，对于中国传媒经济的研究才开始进入到市场经济的层面。

中国在传媒经济研究范畴的学术专著较早出现在出版领域。1991年梁宝柱所著《出版经济学导论》，以较为宏观的视野阐述了出版经济的理论体系；1994年以来，陆续出版了吴江江编著的《中国出版业的发展与经济政策研究》（1994年）、周鸿铎等著的《传媒经济》（1997年）、邵培仁等著《媒介经营管理学》（1998年）等，这一时期对传媒经济的研究视野逐渐开阔。

随着我国进入WTO以及国际间的文化竞争的日趋加剧，我国的文化产业发展受到了严峻的挑战，我国文化产业的发展紧迫性增强，如何提升国际的文化竞争力成为亟待解决的问题。祁国钧将媒体竞争力定义为：由媒体的一系列特殊资源组合而成的占领市场，获得长期社会效益和经济效益的竞争能力。具体地，这里的特殊资源包括政策、人力、采编播发、品牌等资源，营销、经营、管理、策划开发等能力以及传媒文化等9个方面。

2001年，在中国证监会新版的《上市公司行业分类指引》中，把传媒与文化产业定为上基本产业门类之一。标志着我国传媒产业以及文化产业的相关研究已经引起了重视，并且相继出现了很多成果。

郑琳在《探解提高我国文化产业的国际竞争力》中指出，我国文化产业要在国际竞争环境中实现突围，必须从以下几个方面完善：全面而深入地挖掘文化资源进行文化产品的创新，争取到更为广泛的融资渠道；紧抓全球化文化产业的发展契机，在保证文化产品数量的同时提高质量，培育文化品牌，积极开拓国际文化市场；更重要的是，要进行文化产业的保护，调动可调动的资源进行文化产业保护。

花建在《文化产业竞争力》研究中，将文化产业竞争力评价指标体系分为七大板块（即产业实力、产业资源、产业效益、产业关联、产业能力、产业结构和产业环境等）。花建从产业的实力、效益、资源等方面着手，做了文化产业竞争力评价指标，显示出了产业内部竞争力。

祁述裕在《中国文化产业国际竞争力报告》一书中，分别对 17 个方面进行构建评价指标，构建出分析文化产业竞争力评价指标 67 个。

综上所述，学者们在产业竞争力评价指标体系研究中，大部分评价指标是依据于波特提出的产业国际竞争四阶段说、国家竞争力理论、国际竞争力理论、产业竞争力理论等理论。目前的研究已取得一定的成果，但仍存在以下需要解决的问题：（1）关于我国文化产业竞争力或国际竞争力的研究过度集中在政策法规层面的制度构建，对于文化企业的关注程度不足，忽视了企业的关键作用；（2）对于企业战略结构、组织结构、产品结构等方面的研究过于宽泛，对提高企业内部资源效率的理论支撑较弱；（3）文化产业是很多产业的聚合体，行业在原材料、产品形态及属性等方面都存在差异，如何解决好这些具体问题，更好地为文化产业发展提供有利环境，也是值得思考的问题。

3.6　本章小结

本章对新媒体产业国际竞争力的内涵及其理论基础做了细致的阐述和讨论，总结出其内涵及各个理论中影响国际竞争力的相关要素内容。

在探讨新媒体产业国际竞争力的内涵中，对新媒体产业的内涵和产业国际竞争力的经济学理论特征以及新媒体产业国际竞争力的形成及特点进行了深入的阐述。新媒体催生新型产业模式的共识为新媒体产业发展提供了理论基础。作为文化创意产业的主要内容，新媒体产业位于文化创意产业的高端，是文化创意产业、信息产业、传媒产业相融合的一种新型的产业形态。产业国际竞争力的比较，一定是在相同产业的不同国家间的竞争优势比较，这种比较也同样可以在区域性市场中不同关税区相同产业之间的竞争优势比较。在世界经济中，一个大国常常选择生产其并不具备优势的产品，不过，却往往具有竞争优势。所以，相同产业的产品的国际比较具有更普遍的意义。新媒体产业国际竞争力是一个比较概念。从国家角度谈新媒体产业竞争力，是指与其他国家相比，本国文化企业通过生产和销售文化产品、提供各种文化服务、占有市场和获取利润的能力。它既是一种现实竞争能力，也包括可持续发展的能力。从新媒体产业所具有的精神性来看，其竞争力表现为公众提供越来越丰富的文化产品。

其次，本章探讨了新媒体产业国际竞争力的理论基础，并对产业经济学、产业竞争力、综合评价等理论和方法做了简要的评述，总结出了每个理论和方法中，影响国际竞争力的具体要素。这些理论和方法是本书研究的重要理论基础。

最后，对新媒体产业国际竞争力需要重点衡量的基础竞争力、核心竞争力、环境竞争力三方面内容进行了分析，指出作为提供精神产品的新媒体产业，既具有与其他产业相共通的特性，又拥有其独特个性的一面。不过产品和市场基础仍然是确保新媒体产业国际竞争力产业链的重要因素；要以创新为新媒体产业国际竞争力发展保驾护航；用政策来确保新媒体产业国际竞争力的经济增长。最后，从基础竞争力、核心竞争力、环境竞争力三方面，我们对我国新媒体产业现状进行了分析和评述，可以看到，尽管近年来我国新媒体产业处于蓬勃发展的局面，在基础竞争力方面，我国大部分新媒体产业存在原创力不足，大部分企业仍从事各种新闻内容的简单编辑工作；在核心竞争力方面，技术创新仍是中国新媒体产业系统中所要面临的关键的问题；在环境竞争力方面，我国政策推进情况，有待进一步完善。我国新媒体产业的持续发展和竞争力上还存在很多不足和待完善的地方，需要给予有效关注。

第4章 中国新媒体产业的基础竞争力

4.1 基础竞争力范畴

基础竞争力主要反映与新媒体产业直接相关的行业或者产业的发展状况。纵向考察新媒体产业的投入与产出的生产链条，着重分析国家在新媒体产业方面的基础资源、基础设施和服务可以在多大能力上支持新媒体产业的发展。我们知道，新媒体产业作为一种新型业态，在发展的初期，需要国家为其提供基础设施支撑，典型地，在硬件方面，新媒体产业发展需要便捷的数字网络服务以及广泛的公共技术服务平台，软性方面，国家需要助力企业积极拓宽新媒体产业的用户规模和产品销售渠道，两面合理奠定良好的新媒体产业发展基础。

此外，新媒体相关以及辅助产业是基础竞争力的另外一个重要方面。从新媒体产业的价值链来看，通常分为内容创意、内容制作、生产复制、交易传播四个环节。我们知道，前三个环节都是基于新媒体内容为主体的，韩国媒体产业振兴院院长徐炳文认为，随着信息通信网时代的到来，21 世纪，"创意性的文化内容"是新媒体产业的发展趋势，在未来的国际竞争中产品内容是确保新媒体产业竞争力的最重要的基础因素。

4.2 基础竞争力现状及制约因素

4.2.1 内容原创力不足，同质化严重

在新媒体产业中，面对差异化的客户，产品应尽可能地多样化。而当下我国新媒体行业思维还是停留在传统媒体的运作方式层面上，尽管新媒体在运营方式与相关技术上已经取得了突破性的进展，但在内容方面只是简单地充当传统媒体所提供的"原材料的"信息发布与处理平台，表现出原创性严重不足的局限。

与国外新媒体产业相比，我国新媒体以海量信息而自誉，但却存在着信息泛滥与同质化现象，新媒体的基本职责本应是信息处理而提供准确与深度的内容，当前我国新媒体行业往往缺乏新闻整合之经验，更提不上独立采编制作新颖的内容创新。信息同质化的当下，不少企业跟风模仿，例如，近些年来我国发展红火的楼宇电视目前也遇到了发展瓶颈。由于有利可图，在分众传媒盈利的大背景下，众多的企业纷纷涌入这一行业，无视分众传媒的发展规律，简单地认为只要自己多在一栋楼里面装上电视接收设备，就会多一个生钱之道，行业的无序竞争导致了楼宇电视媒体品牌的识别度与区分度下降，进而也影响到了客户利用分众传媒发布自己产品广告的信心，其结果是大多数新媒体不能够盈利，陷入了融资购置电视接收器抢占新的楼宇、缺少客户再融资抢市场的不良发展怪圈。

在新媒体产业发展中，经营者应该认识到，每一个客户都具有自己个性的品位，注重自己消费的产品内容与样式的差异性，同时不喜欢那些标准流程制作出来的产品。因此，相对传统的媒体产品，单个客户的产品流通性就相对狭窄，这样小批量的差异化、个性化产品不足以引起那些在市场上具有生产、营销领导地位的一流大企业的关注。因此这些已经被客户严格区分的差异化程度高、不同形象的新媒体产品的研发与生产为中小新媒体企业提供了发展的空间。

客户的需求是新媒体产业发展的驱动力，不断更新满足客户的需求和吸引他们的眼光就成了新媒体产业的生存之道，而目前我国消费者的差异性品位还没有完全定型，还处于一种不确定状态，一些新媒体企业为了赢得点击率，不惜违背社会公德与法律，铤而走险从事传播一些低俗内容的活动。

4.2.2　销售渠道不畅，容易导致产业链断裂

新媒体产业产品制作周期较长，产业链较复杂，一旦销售渠道不畅，就会导致产业链断裂。因此，与国外先进新媒体产业相比，我国新媒体产品的价值实现过程中，存在的不确定因素较多，风险较大。

对新媒体产业发展的研究中发现，当前的新媒体产业链有四个关键环节：内容创意、内容制作、生产复制、交易传播。根据国际文化创意产业发展经验，内容创意制作环节和交易传播环节，各占新媒体产业链价值的45%和40%，二者成为新媒体产业发展和聚集的关键环节。可以看出，内容创意和交易传播环节占据85%的比重。可以看出，销售渠道在新媒体产业链中具有举足轻重的作用。

除此之外，造成销售渠道不畅的原因还有很多，诸如新媒体产业形态零散、产业集中度不高，难以满足新媒体产业发展对资金、技术、人才的需要等。

4.2.3　产品价值的认同尚需时间

产品价值认同度是我国新媒体产业需要面临的重要问题。由于新媒体产业盈利模式不清晰、自身发展不成熟、技术支持不强大，使得消费用户还不能马上认同和支持。很多用户认为，新媒体不仅不能给他们的生活带来太大的便捷和好处，反影响了他们的正常生活。尤其是不断弹出广告的互联网窗口及防不胜防的垃圾短信令越来越多的人开始反感新媒体的存在。另外，在新媒体产业中，由于版权保护尚不健全，盗版产品大量存在，使得内容提供者的创作热情低落，甚至不愿意提供高质量的创新作

品。新媒体产业各方面的不成熟令广告主们望而却步，不愿意冒险投资。

4.3   实证分析

随着信息技术的推进和变革，我国新媒体产业的市场份额得到了快速扩大，表4.1给出了2013年、2014年我国新媒体各领域的使用率和用户增长率情况，数据显示即时通信、搜索引擎、网络新闻和网络音乐是当下我国新媒体产业各领域中用户规模最大的四个应用。同时，我国新媒体产业的各领域均呈现快速增长态势。特别是即时通信、博客应用均达到10%以上的增长速度。借着移动互联网高速发展的时代背景，我国新媒体产业的市场需求基础不断加强。

表 4.1   2013 年、2014 年我国新媒体各领域的使用率和用户增长率

应用	2014 年		2013 年		
	用户规模（万）	网民使用率	用户规模（万）	网民使用率	全年增长率
即时通信	58776	90.6%	53215	86.2%	10.4%
搜索引擎	52223	80.5%	48966	79.3%	6.7%
网络新闻	51894	80.0%	49132	79.6%	5.6%
网络音乐	47807	73.7%	45312	73.4%	5.5%
网络视频	43298	66.7%	42820	69.3%	1.1%
网络游戏	36585	56.4%	33803	54.7%	8.2%
网络文学	29385	45.3%	27441	44.4%	7.1%
电子邮件	25178	38.8%	25921	42.0%	− 2.9%
微博	24884	38.4%	28078	45.5%	− 11.4%
论坛/BBS	12908	19.9%	12046	19.5%	7.2%
博客	10896	16.8%	8770	14.2%	24.2%

同时表4.2报告了2004—2014年间我国新媒体产业市场潜在用户和部分领域市场规模，随着中国在推进互联网全面普及的工作上的显著成效，近年来的网民数和网民普及率不断增加，2004—2014年10余年间，网民数翻了7倍，近年来我国新媒体产业密切相关的互联网相关市场得到了快速发展，以我国网络游戏市场和搜索引擎市场为例，2004—2014年10余

年间，两个市场的规模则分别有 33.3 亿元和 5.7 亿元攀升至 1108.1 亿元和 599.6 亿元。这些均为我国新媒体产业的发展奠定了广阔的用户和市场基础，在一定程度上促进了本土新媒体产业的基础竞争力优势。

表 4.2 新媒体产业潜在用户基础和部分领域市场规模

年份	2004	2005	2006	2007	2008	2009
网民数（万）	9400	11100	13700	21700	29800	38400
网民普及率（%）	7.2	8.5	18.5	15.9	22.6	28.9
网络游戏市场规模（亿）	33.3	48	76.8	136.5	207.8	270.6
搜索引擎市场规模（亿）	5.7	9.4	13.9	29	50.3	69.6
年份	2010	2011	2012	2013	2014	
网民数（万）	45730	51300	56400	61758	64857	
网民普及率（%）	34.3	38.3	42.1	45.8	47.9	
网络游戏市场规模（亿）	327.4	538.6	670.9	891.6	1108.1	
搜索引擎市场规模（亿）	110.4	188.9	280.6	394.6	599.6	

数据来源：根据历年《中国互联网络发展状况统计报告》和艾瑞数据整理得

应该说，市场基础是我国新媒体产业基础竞争力的重要部分之一，其对新媒体产业的经济效益具有重要影响，表 4.3 给出了一个简要的相关系数统计表，以网络游戏市场规模和搜索引擎市场规模作为新媒体市场绩效的替代指标，以网民数和网民普及率作为市场基础的替代指标，统计结果显示，市场基础和市场绩效的相关系数较高，均保持在 0.86 以上，且在 0.01 的统计水平上较显著，这表明市场规模对新媒体产业的发展具有密切的正向效应，随着市场规模的持续扩大和新媒体产业对用户需求的不断挖掘，我国新媒体产业在近年内处于规模不断扩张的上升期，产业市场经济效应将不断得到提升。

表 4.3 市场基础与市场绩效的相关系数表

市场绩效	市场基础：网民数（万）	市场基础：网民普及率（%）
网络游戏市场规模（亿）	0.932（<0.01）	0.927（<0.01）
搜索引擎市场规模（亿）	0.865（<0.01）	0.861（<0.01）

注：括号内表示对应检验统计量的 P 值

　　尽管我国新媒体产业的市场需求和规模不断扩大，在近年来面临着快速发展的机遇，基础竞争力部分还是面临着很大的挑战，体现在：近年来我国新媒体业务中的在线网络视频用户不断加大，截至 2018 年上半年，中国网络视频用户规模达 6.09 亿，在线网络视频用户使用率为 76.0%，手机视频用户规模达到 5.78 亿，网络视频、IPTV 和手机电视被认为当下国内最具发展前景和盈利价值的三项业务，不过这三项业务所依托的宽度宽带接口技术和宽带资源仍不完善，这较大地影响了用户接受新媒体的体验。数据显示，尽管我国宽带用户数已经是全球第一，但是我国仍处于低速宽带阶段，我国互联网网速平均速率仅 2.38M，排名在全球第 141 位；在宽带技术方面，中国宽带接入主要使用的是 ADSL 的铜线传输技术，而在很多先进国家早已经是光纤入户，传输速度也早已达到 50M 到 100M 了；反观在价格上，2017 年国际比较数据显示年我国宽带用户平均月资费 32.38 美元，排在全球第 40 位，是伊朗宽带价格（5.37 美元）的 6 倍，是俄罗斯宽带价格（10.06 美元）的 3 倍，是韩国宽带价格（29.61 美元）的 1.1 倍、日本（51.08 美元）的 0.6 倍，尽管近年来我国宽带资费有略微下调，但是同国际水平相比还是较高。

　　另外，新媒体产业的发展对网络通信、公共技术服务平台等产业基础设施有很高的要求和依赖。而国内的产业基础设施相对而言较落后，如新媒体网络信号支撑有待完善，Wi-Fi 网络信号覆盖范围不足，随着移动端新媒体的快速发展，我国需要进一步加强基础设施的投资和建设，为新媒体产业链平稳转动提供良好的服务平台，为未来数字经济时代做好准备。

　　最后，对于新媒体产业，提升其国际竞争力，内容品质无疑是最基础的支撑点。而在这一点上，我国新媒体产业还是面临着产品质量薄弱的局面，国际影响力较强小；而强势的新媒体产业应能够保证其产品能够在保持本土文化内涵的同时，最大化实现其国际化的深度和广度，如被称为"日本迪士尼"的宫崎骏动画，其很多作品，像《龙猫》《千与千寻》《哈尔的移动城堡》等，远销全球，具有很大的国际影响力；2014 年宫崎骏先生更是被授予"奥斯卡终身成就"的殊荣。总部设在法国雷恩的育碧游戏软件（Ubisoft Entenainment），在 1990 年就成功进军美国发展成了一家跨国公司，并开发推出了《魔幻鬼武士》《混沌军团》《孤岛惊魂》等多款热销全球的游戏软件，目前"育碧游戏软件"不仅是全球排名前列的电动游戏开发商和独立出版商，也因其自主开发的诸多教育类、游戏类软件而成为新媒体领域引人注目的品牌标志。而反观中国，虽然动漫产业不断发展，2017 年总产值超过 1500 亿元，尽管国内优秀的动漫形象和作品，如深受小朋友喜欢的《喜羊羊和灰太狼》、富有搞笑元素的《十万个冷笑话》连载漫画不断涌现，但是具有较强国际影响力的作品或者新媒体品牌鲜有见到，想在国际动漫市场占据一席之地，还需要很长的路要走。

4.4　改进新媒体产业基础竞争力的对策

4.4.1　创立品牌，开拓市场

创立品牌，开拓市场，以市场影响力作为提升新媒体产业国际竞争力的关键。首先，要构建复合型的盈利模式。对于新媒体产业来讲，盈利模式模糊仍然是阻碍发展的最大障碍。相对而言，在我国新媒体产业中，户外电视传播平台具备了清晰的盈利模式，而其他新媒体产业还处于盈利模式的摸索阶段。理清新媒体产业的盈利模式有助于我们找到经营重点。

目前，我国新媒体产业最主要的盈利模式有四个：（1）广告。广告让然是新媒体产业的支柱来源。（2）内容付费。国内的网民因为习惯了享受免费的互联网资源，常常不愿意支持网络服务商的收费产品。不过，这种情况正在逐渐改变，一些用户开始适应通过付费来获取网络服务内容的方式。（3）提供无线增值服务。根据消费者们比较认可付费购买增值服务的特点，内容提供商们可以将各类网络资源的内容制作成可视性更强的产品。例如，音乐电视、手机电影或手机杂志以供消费者付费下载，最终实现与无线增值服务提供商共享利润。（4）异业合作，实现利润分成。要想寻求盈利模式创新，就需要突破经营思想，可以尝试以资源互换、捆绑、整合资源为主要模式的异业合作。

在新媒体时代，传统单一的盈利模式已经不能适应社会的发展，因此，新媒体产业获取利润的方法和途径也要随之改变，应逐渐形成多元复合型的盈利模式。新媒体产业应将上述四个盈利源整合起来，整合多种盈利源，从而实现多渠道盈利创收。

4.4.2　注重思维创新和内容创新，打造产业基础竞争力

创新是事业发展的不竭动力，只有专注创新，新媒体才能形成自身特色，找到适合的传播模式和盈利模式。一方面，在盈利模式上，主要采取异业合作，实现资源互换、整合，进而进行利润分成；另一方面，可以运用各种类型的新媒体传播平台和传统媒体的内容资源，以及新型的传播模式，实现信息传播效果的最大化，促进社会效益和经济效益的统一。此外，新媒体只有为用户推送与其浏览习惯、兴趣爱好相匹配的内容，才能锁住目标受众，实现其核心竞争力。基于此，新媒体产业的发展应遵循差异化策略，从品牌定位、个性创意、形式创新等方面有差异化的价值取向，并在创新发展中，树立自己的品牌形象，从而形成核心竞争力。以2015 年 8 月上线的网易漫画为例，始终秉持支持正版、扶持国漫的理念，积极建立自有作品 IP 生态圈：独家签约国内外漫画家高达 300 余位，点击破亿作品高达 20 余部，站内作品更是突破万部。网易漫画秉持"匠人精神"，鼓励自主创作和创新，全面孵化优质国漫 IP：2016 年 4 月，网易漫画召开"源"计划战略发布会，宣布成立 1 亿元专项基金投资扶持国内优秀创作者与工作室，投资重点将放在对优秀国漫作者及工作室的全面包装与推广上，包括作品的综合推广，IP 开发等服务。其中在网易漫画平台点击量约 5 亿的《中国怪谈》作者国内知名漫画家十月十日，与《大明星与漫画家》作者 Clever Cool，以及《嗜谎之神》作者庸鬼均在其中。此外，还与国内外上百家公司与工作室进行版权合作，聚合漫画资源，强化内容，例如引入国内漫画大厂"知音漫客"《斗破苍穹》《龙族》《哑舍》等经典作品共 58 部。

4.4.3　打造生态产业链，实现多渠道创收

对新媒体来说，商业价值和影响力不仅取决于内容，还要被交易传播渠道左右。如果渠道受阻，商业价值的实现将变得缓慢。只有渠道畅通，产品才可能有雄厚的市场与需求基础。要打造新媒体生态产业链，必须实现要素有机互动。新媒体产业链中上下游链条依附关系更为紧密。新媒体需要构建全球联合与合作的产业链，这是经济全球化，技术、市场、资本、人才等要素国际化流动的必然要求。打造新媒体生态产业链，涉及政府、产业管理者、投资者、经营者等诸多方面，需要以上诸多角色各尽所能、相互协作，以实现多渠道创收。全球动画巨头迪士尼最为各国电影业所艳羡的，恐怕就是其完备的产业链布局——媒体网络（Media Networks）、主题公园及度假村（Parks and Resorts）、影视娱乐（Studio Entertainment）、消费品（Consumer Product）以及互动娱乐五大业务板块，为迪士尼的 IP 构建了可以流转、增值的生态版图。迪士尼 IP 帝国的塑造，以 IP 创造为源头。迪士尼公司拥有大批的存量 IP，而且内容公司在不断创造新的 IP 资源。对于普通 IP 内容公司而言，迪士尼具备强大持续的 IP 创造推广能力，能够有效打通全产业链的生态模式。主题公园是 IP 价值的集中变现，荟萃 IP 精华内容，通过实景娱乐等方式，开辟场馆收费。迪士尼的开发魔力很大程度上在于对 IP 内容衍生品的创造，通过授权专卖商店，以及迪士尼动画形象专有权的使用与出让而获得衍生品市场的一杯羹。2014年《冰雪奇缘》全球热映后，电影中主人公安娜和艾莎所穿的"公主裙"一共在全美卖出 300 万条，该裙每条售价 149.95 美元——光卖裙子，迪士尼就获得了约 4 亿美元的收入，而《冰雪奇缘》北美票房也就 4 亿多美元。迪士尼更是授权游戏公司使用动画形象，来获取互动娱乐层面的收入，实现了 IP 的最大化开发。

我国新媒体企业应该树立长远明确的战略目标，注重人才的培养，鼓励技术创新，获取竞争优势，提高企业的经济规模；使国家新媒体产业基地在不断的实践中，逐渐获得经验。

4.4.4　与传统媒体融合发展

在我国，新媒体的发展进入提速时期。2008年6月底，网民、宽带网民数量均已达世界第一，而手机电视市场规模将过60亿元。随着新一代通信牌照的进一步发放，中国基于新媒体的手机电视市场必将迎来其快速发展期。

新媒体比起传统媒体有不少自身的优势，比如在受众的广度与深度的开辟上，新媒体更具优势。此外，比起传统媒体，新媒体最具革命性的一点是：通过利用新媒体，广大受众成为信息的发布者、制造者，从而使媒体平台的信息量呈几何级数增长，同时，正是因为这个特点，也造成新媒体在公信力方面不及传统媒体。

那么，新媒体和传统媒体是一起做大受众蛋糕，还是互相厮杀？在新媒体与传统媒体的博弈中，业界逐渐探索出了一条新的道路，即新媒体与传统媒体的交叉产物——融合型媒体。通过传统媒体和新媒体的多种方式的融合，如资本、信息、技术、媒体终端多方面融合，最终实现共存共生，既可降低成本，又可提升利润。就现状来说，新媒体在受众的广度与深度的开发上比传统媒体更具优势。这一点在细分市场及受众的分类上体现得最为明显。不过，新媒体在信赖度方面远比不过传统媒体。

4.4.5　积极开拓国际市场

新媒体产业，不仅应关注日益多元化的国内需求，同时也应积极开拓国际市场。

近些年，中国新媒体消费增长迅速，数据通信设备企业应该抓住机遇，找准网络融合过程中的具体转型方向，积极研发能够满足多元化市场需求的数据通信设备。

目前，"三网融合"、物联网及国家电网都需要技术设备的支撑，其中基础性网络 IP 核心网也对设备提出更高的要求，这些需求必将成为支撑新媒体企业发展的增长点，也是深入拓展国外市场的基础。斯蒂夫－琼斯在

《新媒体百科全书》导言中写道："对于新媒体的唯一完美的定义无疑来自于对历史、技术和社会的综合理解。"作为全球领先的电信设备和解决方案供应商，华为在 2011 年与中南出版传媒集团股份有限公司通过组建合资公司的形式，携手打造一个面向全球用户的专业数字出版与运营平台，进军数字阅读市场。通讯解决方案与传统出版传媒的有效合作，充分整合了深厚的行业资源和技术成果，开拓了全球运营商数字阅读市场和相关行业市场，是真正意义上的数字出版产业链的完善。Google、Facebook 等互联网巨头，都在花费巨额的资金用于扩充其服务器处理能力，以便让用户能够通过所谓的云计算功能从远程打开并查看和使用储存在服务器上的文件和程序，吸引全球范围内更多的用户。2009 年，当 Facebook 的用户数只有现在 18 亿的一小部分，而且还没有收购或者开发 Instagram、Messenger、Whatsapp 以及 Oculus 的时候，该公司只有一个数据中心，这个数据中心就在它的硅谷总部内，里面就只有一组服务器。那时，Facebook 仍然还需要完全依靠第三方硬件和主机托管设施来放它的服务器基础设施。但随着时间转移，它已经放弃了对外部技术和设施的依赖，从 2009 年开始，Facebook 就在建设自己的数据中心网络，它认为自己的这种基础设施是业界能效最高的数据中心之一，这种设施对于为庞大的用户群提供日常体验是必不可少的。目前，Facebook 在北美洲、欧洲、亚洲都建有（或在建的）数据中心。

4.4.6　促行业自律，从根本上确保良性发展

网民道德自律和行业自律是发达国家互联网治理普遍采用的一种手段。行业自律包括两个方面，一是行业内对国家法律，法规政策的严格遵守和贯彻；二是行业内的具体行规和自觉约束个人的行为。

我国网络新媒体产业领域的行业自律发展速度较快，已相继出台《中国互联网行业自律公约》（2002 年 11 月 15 日）、《互联网站禁止传播淫秽、色情等不良信息自律规范》（2004 年 6 月 10 日）、《自媒体联盟自律公约》（2013 年 12 月 28 日）、《反商业诋毁自律公约》（2017 年 6 月 12 日）等。

　　管理者还应当倡导网民自律、文明上网，从根本上确保网络良性发展。具体而言，一方面，应有效调动新媒体产业从业者的积极性，促进行业自律；另一方面，要以申请和投诉的方式，倡导社会监督和举报，以此来净化网络环境。在今后的工作中，这方面的促进政策需要进一步加强和完善。

第 5 章　中国新媒体产业的核心竞争力

5.1　核心竞争力范畴

作为新兴产业和知识集聚型行业，新媒体产业的核心竞争力在于技术以及产业模式的创新，其为新媒体产业国际竞争力发展保驾护航。

由新媒体定义可知，新媒体的本质特征在于技术上的数字化、传播上的互动性。典型地，新媒体产业中，网民既是信息的接收者，又同时可以成为信息的发布者，由此消解了传统媒体行业中少量企业对于发布出去信息的控制。此外，新媒体为互动提供了及时有效的平台。这些特点，都得益于信息技术革命。信息技术革命带来的硬件设备更新和新媒体传播技术不断降低新媒体产业的运行成本。这使得硬件设备对于所有人均可以低成本获得，并借助于网络中的平台（如视频网站、播客），便可以实现信息的发布及传播。相关技术的演化极大地缩短了信息的传播循环，由此增强了传播的互动性。同时，同时数字存储成本的降低也使得网络中可以容纳巨量的信息，有力拓展产业（如大数据）的利润空间。因此，新媒体的两个本质特征的程序均需要技术创新的支撑。另外，新媒体产业是立体式、混合式、整合式的产业发展模式，因此其产品样态丰富，是聚合了数字、文字、图片、视频、音乐等多种文化要素的组合产品，所以新媒体产业作为平台，天然地具有整合不同产业优势信息资源的倾向，典型地，"互联网＋"便是其产业模型扩展的特征。协同式发展的产业模式的不断创新和升级具有重要意义，它推动新媒体产业具备规模报酬递增特征，从而推动产出效率的提升，进而增强这一产业的竞争力，实现长远的发展。

5.2　核心竞争力现状及制约因素

5.2.1　技术成为制约因素的最大短板

技术瓶颈制约着我国新媒体产业国际竞争力进一步提升。在数字电视方面，复杂的数字电视操作系统导致传统用户特别是文化素质较低的用户无所适从；在户外新媒体方面，信号稳定问题首当其冲地摆在各大运营商面前，否则用户将拒绝付费；在网络媒体方面，高清视频的促销力度受制于宽带接入技术而进度缓慢；在用户数量最为浩大的手机及移动互联网媒体方面，屏幕尺寸和网速是很难攻克的问题。尤其是屏幕尺寸问题，其不仅关系到消费者进入这一新媒体的成本，更直接影响到传播内容质量，解决不好这个问题，移动互联网就很难快速发展。

5.2.2　技术复杂性容易造成市场失灵

新媒体企业运用的制作技术相当复杂，而且专业性强，对硬件的要求非常高。同时，所需要的制作设备也比较昂贵。对此，一方面，一些中小企业不具备购买能力；另一方面，一些大型大企业购买的制作设备却因技术、人才等原因造成使用不足，致使设备资源的闲置和浪费，从而容易造成我国新媒体产业的市场失灵。

另外，我国新媒体产业中比较零散型的中小企业，往往因对产业政策理解不深入，而且缺乏交易管理、成本控制等相关方面的经验，在此情况下，做出错误的判断和决策，导致我国新媒体产业市场风险巨大的现状。

5.2.3　利益驱动引致"三网"难以融合

2008 年国务院《关于鼓励数字电视产业发展若干政策的通知》表达了国家对于新媒体产业的高度关注，开启了"三网融合"的破冰之旅。但由于电信网、计算机网和有线电视网三方的利益诉求不同，真正实现"三网融合"依然困难重重。近年来,"三网融合"在政策上体制上也明显滞后,致使一系列融合交叉型应用和业务开始"抢跑"。

中国"三网融合"具备良好的启动条件,然而除了体制掣肘"三网融合"的发展之外,还有一些因素制约"三网融合"发展。

第一,多业务并发带来高带宽需求。视频会议、宽带互联网、三维高清电视、标清电视、在线游戏等,多业务并发,高清视频和高速宽带业务渴望 100Mbps 的宽带。

第二,面向融合的用户体验亟须完善。目前我国网络、终端和业务都直接影响用户体验;带宽、资费和服务质量是影响市场培育的关键因素。而且统一性(用户账号和使用界面)、易用性(操作手续)和实效性(增加便利、降低成本)是扩大用户规模的关键,综合接入、多屏同现、多终端互操作是改善用户体验的重点环节。IPTV/手机电视等新媒体业务涉及跨网、跨平台和跨终端的协作,其用户体验比较传统型业务的差异很大。

第三,跨行业的技术业务标准化任务艰巨。分别体现在以下内容:在内容管理上,广电已有标准部分满足试点,需要统一的元数据和内容管理标准;互动电视,广电未发布互动电视标准,不满足试点需求,广电需新制定标准互动电视系列标准;IPTV,通信行业标准比较完善,基本满足试点需要,但广电标准缺失,需要制定内容集成播控标准、与业务平台接口标准,开放应用标准;互联互通,网络和电信业务互通标准比较完善,基本满足试点需要,不过仍需要融合业务的互通标准;移动多媒体广播,手机 CMMB 方面电信行业标准和广电行业标准比较完善,基本满足试点工作需要。但是在涉及对接的技术方案上需要双方确认,形成共同的标准。MBMS/BCMCS 方面电信行业标准完善,满足试点工作需要。不过仍需要与业务平台接口标准,开放应用标准;有线接入方面,光接入通信标准完善,需要制定 Cable 接入标准;家庭网络和终端:现有通信/电子行业标准比较完善,但广电行业标准缺失。通信/电子行业标准基本可以满足电信和广电双向进入的需要,但"三网融合"需新型融合终端设备和接口标准。在安全方面,我国网络和业务安全标准较完善,满足需要,但是双向网的内容播控安全标准缺失,故需要建立双向网的内容播控安全标准。同时，我国光传输、IP 承载网等，现有通信行业标准比较完善，不过广电行业标准缺失。

第四，市场化的运营模式尚未确立。具体表现在：相对于较早市场化的电信和互联网行业，广电业的特殊性质使其市场主体的培育相对缓慢；在"三网融合"推进过程中，投融资、网络建设、业务运营、客户服务等诸多环节均存在企业、事业多轨运行的机制；跨行业的竞争合作存在较大的区域性差异，难以形成全国通用的合作运营模式；内容服务创新和媒体安全管制等存在一定的目标或利益冲突；集中化管理与分散化运营的机制处于探索试验中；融合型产品服务的价格形成机制处于市场初级阶段。

总体说来，"三网融合"长跑十年，试点进程已然一年，然而据国务院"三网融合"工作协调小组调研结果称，试点城市在 IPTV 集成播控平台与传输分发系统对接、双向进入经营许可证发放等方面工作进展缓慢，第一批试点城市成绩黯淡。

5.3 新媒体产业核心竞争力的不足

新媒体产业作为知识集聚型的行业，创新是其发展的关键所在，因此内容和技术创新是新媒体产业核心竞争力的重要表现。近年来我国新媒体产业在这两方面都有着不断的提升。以动漫产业为例，一批具有代表性质的国产动漫作品活跃于市场，如《熊来了》《大圣归来》，不但在票房上不断创国产动漫新高，质量上也得到业界了广泛的认可。在电视剧的制作上，也不断有热播剧出口国外，如《还珠格格》《琅琊榜》等，同时近年来的网络热播剧，自制网络剧如《万万没想到》等，也不断赢得好评。在技术创新上，新媒体相关产业的科技创新和科研投入不断加强，以重点领域布局在新媒体产业的百度和不断向移动通信端转移的华为通信为例，两者的研发费用不断加大，额度上来看，研发占收入比均已超过 14%，在不断增加的研发显示了对于技术创新的关注，在一背景下，很多创新产品不断出现，如华为自主研发的海思麒麟 950 手机芯片，使得华为跻身全球芯片第一阵营，增强了智能手机时代我国的竞争力；百度的秘书化搜索服务智能机器人助手——"度秘"问世，有效贴合了互联网时代下的用户信息需求，这些都有效提升了新媒体产业的技术支撑力，为消费群体营造了更好的用户体验。

不过，从国际竞争的角度来看，我国新媒体产业的核心竞争力还是存在很多的不足，体现在如下：

1. 新媒体节目创新度少，过度依赖引进，原创能力弱

近年来在我国引发关注热潮的媒体节目，特别是综艺节目（如《爸爸去哪儿》《我是歌手》《中国好声音》），多为引进海外模式，新媒体内容和形式原创性不足的问题凸显。引进海外模式热潮、同质化跟风，是国内综艺原创性不足的外在表现，其内在原因与体制原因和逐利的功利心理都有关。从国外经验来看，欧美国家电视行业进入市场已有 30 年到 50 年的时间，投资方都作为市场主体参与竞争。而中国电视台过去一直都是事业单位，实行行政化的管理，投资方是国家，导致缺乏优胜劣汰市场机制。只有建立起公平竞争，优胜劣汰市场机制，才能够推动节目模式工业化的生产方式，产生创新。另一方面，从制作角度讲，购买国外成熟模式相比自行原创，也具有效率更高，少走弯路和降低成本的优势，也是热衷于直接复制的结果。如何借助市场这只"无形之手"和政府这只"有形之手"介入，来推动新媒体节目和形式的创新，是需要关注的重要议题。

2. 产业盈利不足（特别是视频行业），商业模式有待进一步探寻

目前我国新媒体行业的盈利能力还较弱，产业模式有待完善，以其中占大头的在线视频行业为例，数据显示中国视频行业发展 10 年，大部分视频网站仍然是亏损，以百度为例，自从爱奇艺并入百度之后，百度的带宽和内容成本的大幅增长主要来自于视频业务；整个 2014 年，视频网站行业的亏损额高达 8.886 亿元。当下几乎完全靠广告收入的视频网站用的还是最传统的商业模式，由于我国视频用户的付费意识不强，这对视频收费发展造成了较大影响，视频网站需要通过一定方式提高用户付费意识，比如在自制内容上走精品化路线，付费会员福利，视频网络服务商间的资源整

合和合作等模式上进行探索。

3. 新媒体人才的培养

人才是新媒体飞速发展的智力支持和主体推动力，更是一切技术创新，新媒体形式创新和产业核心竞争力的根源。相对而言，我国新媒体产业的人才培养还有待加强，随着我国整体教育程度的提高和高学历人才的增加，有效吸收人力资本，推动人才引进和交流，促进文化氛围和环境的提升，是激发产业运行管理效率和技术标准活力的关键。在《福布斯》2013 年公布的亿万富翁排行榜中，年龄在 40 岁以下的 29 位富翁中，12 位来自数字媒体领域，占比 41%；到了 2015 年，这个比率提升到了46.65%，46 位 40 岁以下亿万富翁中，21 人来自包括社交网站、电子游戏等新兴媒体行业。数字化浪潮已不可逆转，只有重塑职业新闻教育，打造具有创新思想和创业技能的网络与新媒体人才，才能实现新闻教育的"破坏性创新"。英美等国家新闻媒体技术发达、产业规模庞大，长期以来，形成了相对完善的人才培养机制，为新媒体人才培养奠定了基础。他们在人才培养中注重实践性，以工作坊形式为中心组织教学，重视业界公司合作，此外，还十分注重技术与人文、理论与实践教育的结合。比如，哥伦比亚大学 2009 年开设的以"创立一家在线新闻企业"为内容的新闻必修课，台湾辅仁大学预开设的"与传播领域的微型创业团队建立合作、给予学生实际参与机会"的创业课程等。又如，纽约市立大学新闻研究所在每个学期开始，都会要求学生准备一份创业计划书，内容包括：推销简报、问题描述、市场分析、竞争分析、产品或服务计划、营收计划、行销计划、上市计划、资本需求等。不仅如此，他们还为学生向企业争取高达 5 万美元的种子基金，邀请到各类创业家、新闻工作者、出版投资人担任评审，从而提升学生的学习动力与实效。

4. 加强产业链建设，促进创新

产业集群是公认提升效率最为有效的一种产业组织形式。集群内企业能够通过竞争与合作并存的方式，不断刺激新产品产出并提高效率，而如很多学者指出（鲍枫，沈颂东，王以宁，2012），当下我国新媒体产业进一步集中的趋势并不明显，这将会在一定程度上抑制我国新媒体产业持续稳定增长。虽然部分地区在不断推进着集聚化的产业发展，但相对来说还不具规模，为有效形成区域性聚集的状态，未来发展中集群发展的思路对于整体产业竞争力的提升，对于新媒体技术的提升有着重要意义。近年来，全球范围内媒介融合的趋势逐渐加快。加拿大的汤姆逊集团和路透集团的合并事件就是一个典型案例，其合并资金 172 亿美元控制世界 34% 的财经数据市场，在提供财经资讯的同时兼顾财经资讯渠道的运作，上、下游统辖。同时新体闻集团和道琼斯的购并已经成为现实，实际资金 20 亿美元。美国的三大新闻网，除 MSNBC、CNN、Fox News 提供内容外，也可以通过其他的渠道提供内容，受众可以下载到移动终端，这种媒体的结合已势不可当。

中国的媒体绝大多数属于中小型媒体，必须走集群化的发展道路，才能生成传播市场体系，才能发挥"集群"的市场优势。这就要思考中国传媒行业的自身增长和发展方式的改变。这里面的"集群"方式多种多样，可以是单一的，也可以是多种媒介的，亦可以是文化产业的"集群"。

5.4　改进新媒体产业核心竞争力的对策

5.4.1　加强对技术研发和应用的政府投入和政策扶持力度

为管理和引导好互联网发展，各国政策都在探索实行网站注册、内容审查、信息过滤、内容分级和税收优惠等管理手段或政策措施。对此，我国政府也应当进行借鉴实行。

新媒体产业是文化创意产业的重要分支，它们都具有很强的技术主导和创新创意成分，加快这一产业发展离不开政府的扶持，如加大对技术投入的资金补贴，增强对创意成果的奖励等。加强知识产权保护也是大势所趋，打击网络侵权、网络盗版等各种违法行为，为新媒体产业发展创造良好的生态环境。

我国缺少一些具有全国影响力的大型传媒集团，应当支持一些具有优势的传媒集团兼并重组，建立跨省、跨行业、跨媒体的龙头传媒企业。同时，应当大力支持建立一批民营传媒企业，整合开发一批区域文化资源，提高全国总体文化资源利用率。此外，坚决打击网络不良信息、网络犯罪、反动言论等不良网络行为，建立健全网络信息共享和对接平台，对各种网络服务、网络搜索和网络信息进行全面监管，建立防护监测系统，完善博客、论坛、视频和手机媒体等全方位的内容审查和备案制度。

5.4.2　打破利益壁垒，有效实施"三网融合"

目前，我国"三网融合"产业政策已经初步制定，"三网融合"试点范围也在不断扩大，各种相关业务需求与创新也在持续涌现，"三网融合"的技术也如意成熟，标志着的"三网融合"时代已经到来。然而，要实现真正意义上的"三网融合"，还需要坚决彻底地打破行业垄断和壁垒，以实现用户通过任一终端接入互联网、电信网或广电网任一渠道都能够访问三网所有的信息资源。深入分析总结目前各地试点形成的"三网融合"模式，提炼出最适合我国国情的发展路线，对其中具有共性的体制机制障碍进行创新，消除政策因素对产业发展的制约。融合发展、集约运营是新媒体产业的必由之路，除了在规模、制度等层面进行"三网融合"的顶层设计和统筹安排外，还需要着重考虑新旧媒体之间的有效协同和规范运作。广播电视、报纸杂志等传统媒体的运作模式已经比较成熟，而手机、互联网、楼宇电视、户外广告等新媒体的运作模式还在发展演变之中，二者之间如何实现技术、内容、终端乃至资本的相互融合或共享，如何控制风险、实现盈利都需要深入探索。

5.4.3　加强行政监管，实现技术和业务中立

监管分立是一些国家"三网融合"和新媒体产业发展不顺的一个重要因素。增强中国新媒体产业的国际竞争力，改变目前的监管机制十分重要。没有统一的监管机构，网络融合难以真正实现。我国城管、水务、食

品、药品等领域都曾遇到过类似的监管难题，监管分立致使各个部门都只会争取利益推卸责任，从而形成行业混乱、违法违纪层出不穷。"三网融合"和新媒体产业发展必须吸取此类教训，不要重蹈覆辙。对此，政府有关部门可以考虑统一监管、统一许可证制度，推进技术和业务中立。对于新一代信息和网络方面的关键技术、共性技术、应用模式和运营模式等，从国家层面统一进行开发研究，既有利于减少研发费用，也有利于形成行业和国家标准。许可证持有者则具有根据市场推广情况，选择合适的技术来开展相应的业务。这样不仅能够在标准制订、行业准入上形成一致意见，而且能够通过市场手段来整合新媒体产业链，提高整体竞争力。以宽带建设为例，必须以法律的形式严格规定不同运营商之间在骨干网络上的互联互通。此外，注重新媒体在信息增值服务的重要性，加速"宽带中国"战略实施步伐，以信息化带动工业化，以信息技术改造提升传统产业。

5.4.4　适应多媒体融合趋势，支持各种业务和应用创新

随着"三网融合"的深入发展，"三网融合"和"多媒体融合"是未来的必然趋势，信息服务的质量和模式必然发生根本性变革。

手机屏幕、电脑显示屏和电视机屏幕等各种显示终端将有机融合、相互统一，不再有本质的区别，用户通过"一屏"可以实现原来独立的"三屏"服务，方便快捷。同时，"多媒体融合"也催生出各种各样的新兴媒体应用或创新，视频会议是其中最明显最具发展潜力的方向。通过手机屏，用户可以随时随地召开视频会议，不再受显示屏难以移动从而被限定在会议室内的拘束。视频会议也将不仅仅用于电子商务、视频监控、远程医疗、远程教育等商业领域，而是通过可视电话、网络视频等被广大家庭用户广泛使用。也许，不久的将来，人们的日常生活将会在多媒体融合的大趋势下，在各个方面使用新的媒体网络技术和服务，都将成为我们日常生活中的主要部分。

行政手段是各国管理互联网的重要措施，常见的手段是信息过滤与封

堵、内容分级审核制、网站实名注册制、税收优惠制等。通过技术手段创新来实现对危害青少年身心健康的不良信息、危害国家安全的反动舆论、电脑犯罪行为的攻击等进行科学有效的防护，特别是要探索出建立覆盖手机等新兴媒体和论坛、博客、视频等互联网信息内容的监测指挥系统，更有效地全面监管。

第6章　中国新媒体产业的环境竞争力

6.1　环境竞争力范畴

　　环境竞争力反映的是国家的大环境（如市场环境和制度环境）对于新媒体产业的支持情况以及其联动产业，对于整个国家经济体的带动作用。

　　我们知道，中国处于市场经济阶段。作为"无形的手"，市场通过分散的信息和决策，实现资源的优化配置和效益最大化。但是，其前提条件是有序的市场经济已经建立并运行起来。但是，市场初期，由于法律制度的空白或者不健全，新媒体产业无法自主在政治、法律制度等方面获得配套支持，因此为启动新媒体产业的发展，开始需要借助于国家政府的介入，进行调整性的指导、规范和监督。类似于传统媒体，新媒体也承载着文化传播的意义，如何有效结合新媒体形式同传统媒体内容，推动信息和文化传播的质量和内涵；如何在媒体消费方式变革的过程中，规范市场行为，有效推动新媒体产业的发展同用户的现实以及潜在需求相吻合；如何推动新媒体产业的发展成为文化产业领域里一个新的经济增长点；这些都需要政府的政策法规规范来去为该产业塑造一个健康的、有效的外部环境，以提升新媒体产业的活力。

　　另外，全球化竞争日趋激烈的背景下，新媒体产业在国与国之间相互渗透，作为软实力的体现和未来知识经济时代的重要产业组成部分，各国政府有必要通过政策扶持为产业发展提供保障，确保该国新媒体产业国际竞争力的增加。

6.2 环境竞争力现状及制约因素

6.2.1 相关法律制度缺位，政策机制尚需完善

新媒体是各种网络、业务与各种终端集合起来的产物，因此，其具有"媒体"属性，必然要体现出新媒体行政监管的特殊性。尽管目前中国已经存在对媒体产业管制比较严格的法律法规体系，但新媒体营运发展迅速，而且新媒体管理行业涉及到了电信、文化、广电和新闻等多个行政机构，从全局综合看来，我国新媒体管理中存在部门职权重叠交叉或留有空白之处，有的政策明显滞后或过时。

随着新媒体技术的突飞猛进，新的营运方式不断更新，我国新媒体管理正处于一种尴尬的局面——在相关的"政策壁垒"前，诸多想介入新媒体产业领域的人止步不前。同时，新媒体领域出现了许多新问题，尚无具体政策规定出台，有明显的滞后性，管理跟不上新媒体的新变化。

目前，我国对新媒体管理是实行现行新媒体许可制度，也就是说，新媒体产业必须在取得相关行政机关的许可后才能开展业务。同时，所有媒体产业在业务开展过程中，必须接受行政机关的监管。而我国对新媒体具有监管权的部门涉及工业和信息化部、文化和旅游部、广电总局等多个部门。

新媒体具有的"媒体"属性，按照我国的相关政策，运营主体必须要事先经过许可和接受我国行政机关的内容监管和审查。但是新媒体的内容和技术相对而言又较为复杂，从内容上看，有新闻、影视等其他各种音频节目、数据与语音信息等传统媒介，同时也有 P2P（即 Peer to Peer，意为对等网络，主要是以网络视频内容传播）等大众传播的媒介。从技术层面上看，新媒体产业往往涉及数字与网络两方面的主要技术。从传输方式看，新媒体涉及网络、局域网、有线电视网、卫星和无线通信网等多个网络，相应的新媒体的传播载体也就包括了电视、电脑、广播与手机等各种通信工具。从运营的方式上看，新媒体主要包括电视付费、可视电话、电

子邮件、电子商务与短信等电信、网络的增值业务。

与国外先进新媒体产业相比，从我国目前行政监管体制看，因为新媒体产业所要涉及的繁杂业务，各级行政机关对其认识不足，缺乏长远和全局的观念，只是局限于从本部门的管理方便出发，对现行的行政法律性文件进行象征性的修修补补，部门间的行政性法律文件的修补还缺乏有效的沟通，不仅导致了部门规章之间的职权冲突，而且也留下了新媒体管理的不少空白之区，而这些部门的规章性文件的规定又往往涉及新媒体产业的内容审查、运营平台与技术标准的监管，这些重大、根本性的问题事关新媒体产业的健康发展。所以这些管理部门尤其工信部与国家广电总局应加强立法调研和立法协调，才能保证新媒体产业的健康有序发展。

6.2.2　我国新媒体产业政策的实施情况

我国除一部《邮电法》外，工信部实施行政活动主要是依照行政法规和部门自行制订的部门规章。同时，还可以依据《中华人民共和国电信条例》（简称《电信条例》，于 2000 年 9 月 25 日公布施行）、《互联网信息服务管理办法》以及其他四部行政法规作为行政执法的基本法律参照。另外，还有 33 部部门规章和若干个规范性的文件。

在被业界称为我国第一部专门规范电信业的行政法规《电信条例》中，规范了主要电信市场、电信建设、电信服务、电信安全的法律关系，其条例的制定与施行在某种程度上，促进了电信市场的有序发展。但是《电信条例》的相关规范还不能很好地解决"三网融合"中存在的问题。条例对电信市场缺乏有效的行政监管，不利于电信运营商的公平竞争，滞后于社会的发展。

对经营性互联网服务、非经营性互联网服务的监管设定界限的《互联网信息服务管理办法》中，对从事互联网信息服务单位的设立程序、法律责任、监管方式等事项予以规定。不过对"三网融合"问题没有深入解析。之后，尽管若干个围绕互联网各种信息服务的文件相继出台，但对"三网融合"问题都没有很好地补充。

目前，我国管理广播电视活动的基本法律依据——《广播电视管理条例》（以下简称《条例》）是 1997 年 9 月 1 日由国务院颁布施行的。《条例》的有效施行进一步规范了广播电视的活动秩序；促进了广播电视事业的平稳发展；加强了广播电视领域的法治建设。不过，《条例》与现行的广播电视产业推进要求相比，已经凸显出严重的滞后性。

2004 年 10 月 11 日，修改过的《互联网等信息网络传播视听节目管理办法》（业界称为 39 号令）进一步助推了电信和广电业务的融合发展。39 号令明确了广电总局负责互联网等信息网络传播视听节目的管理，并详细规定了县级以上地方广播电视的行政部门负责辖区内的相关管理工作，还有明文规定，从事信息网络传播视听节目业务应取得《信息网络传播视听节目许可证》。

2011 年 12 月 29 日，工信部出台《规范互联网信息服务市场秩序若干规定》，对互联网信息服务活动进行了规范，明确了禁止实施的侵犯其他互联网信息服务提供者权益的行为，规范了互联网"评测"活动，明确了禁止实施的侵犯用户合法权益的行为，规范了在用户终端上安装、运行或者捆绑软件的行为，规范了广告窗口弹出行为，强化了对用户个人信息的保护。

2013 年 8 月 12 日，文化部印发《网络文化经营单位内容自审管理办法》，增强企业自主管理能力和自律责任，保障网络文化健康快速发展。原来主要由政府部门承担的网络文化产品内容审核和管理责任将更多地交由企业承担，通过做实企业自我约束机制和提升企业自我管理能力，同时政府加强对企业服务和后续监管，来确保文化产品和服务内容的合法性。

2016 年 11 月 7 日，全国人大颁布《中华人民共和国网络安全法》，成为我国第一部全面规范网络空间安全管理方面问题的基础性法律，是我国网络空间法治建设的重要里程碑，是依法治网、化解网络风险的法律重器，是让互联网在法治轨道上健康运行的重要保障。《网络安全法》将近年来一些成熟的好做法制度化，并为将来可能的制度创新做了原则性规定，为网络安全工作提供了切实法律保障。

6.2.3　我国新媒体产业政策的主要制约因素

当前，新媒体技术、内容与运营的融合与我国行政机关职能的分离形成了矛盾。我国目前缺乏一部具有管辖范围较广、效力较高的法律，在这样的背景下，各行政机关的立法观念也不尽相同。因此，出现了新媒体产业法律体系不完善、法律制度层次低等现状，并直接导致了行政机构监管失灵的后果。

首先，立法观念不一致。源于不同的立法理念，信息产业部和广电总局对行政法规、部门规章等文件的制定和施行会产生不同的结果。电信和广电两个行政机关在法律制度设计上遵循着不同的立法观念。两个部门的行政法规、部门规章以及一系列规范性文件的制定和施行产生不同的结果。为了避免此现象的延续，1999 年 9 月 17 日，国务院办公厅发布的《国务院办公厅转发信息产业部、国家广播电影电视总局关于加强广播电视有线网络建设管理意见的通知》（俗称"国办 82 号文件"）明确了两个部门应避免重复建设和保证节目安全传输的具体问题。

其次，法律制度层级较低、不配套，有法难依。立法常常滞后于时代的发展，国务院授权制定的行政法规通常无法具体深入到行政管理的各个细节，更无法预见改革所带来的各种新业务形态、新的运营模式，因此，行政机关往往要在行政法规的基础上，制定具有可操作性的部门规章和规范性文件予以补充和完善。

最后，政府管制严格，准入难度加大。鉴于新媒体产业在我国发展势头迅猛，国家及时出台了《文化部关于支持和促进文化产业发展的若干意见》。甚至，为了扶持新媒体的动漫产业发展，国务院批准了 10 部委建立部际联席会议制度。但传媒产业具有公共属性，国家对新媒体类产业进行了严格管制，审批手续相对烦琐，尤其是在新闻出版发行行业。

6.3　实证分析

我国新媒体产业的兴起大致始于 2004 年、2005 年，在起步中，面临规范不力、相关制度不健全的境况，出现了管理监管不力、市场无序的状态，其中最暴露的就是网络环境（电脑端和移动端）和版权问题，如各类情色以及不良信息不断在网络滋生，网站运营不规范，内容侵权事件不断发生。不过随着政策法规的完善，这类问题逐步得到解决和完善，网络，以及和其紧密相连的新媒体产业逐步进入健康有序的发展阶段，下文我们细化分析当下我国的新媒体产业的环境现状和竞争力。

6.3.1 网络内容净化和监督

网络信息时代，信息的快速传播便利了大众之间的交流，不过也加大了不良信息传播的风险，特别是面对以手机上网为主流发展的新媒体时代，政府在督导加强 WAP 网站建设的同时，可利用手机运营商、电信运营商等，在合法的情况下收集用户信息，调查各类网络媒体、网络技术实际应用情况，净化网络环境，杜绝虚假信息和不良信息的传播，为新媒体产业的发展营造一个绿色的、健康的外部环境。

6.3.2 强化版权问题加强原创品牌

相关研究指出产业链条下各组成部分的市场价值份额大致如图 6.1①。不难看到，版权是整个产业价值链的重要部分，处于产业链条两端的内容创意（版权的产生）和交易传播（版权的市场交易）都是高附加值产业过程。而当下我国新媒体产业的版权意识，包括版权创作，版权保护等方面还有待提升，各种盗版，侵权事件时有发生，如 2014 年爱奇艺，斗鱼联合控告 B 站（bilibili 弹幕视频网）盗用链接对其视频资源进行的盗取事件。政府有必要通过法规持续强化版权问题，打击盗版侵权，促进原创的数量和质量提升，提升整个产业链的价值源泉和活力，同时我国政府应该积极鼓励，扶植本土原创新媒体产品的生产，设计合理机制推动优胜劣汰，促进自主品牌的崛起。

---

① 刘钢：《内容是核心　渠道是关键——关于我国新媒体产业链的相关问题与思考》，《中国传媒科技》2008 年第 2 期。

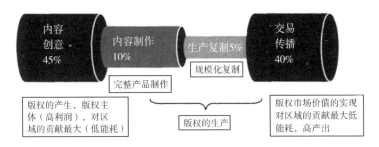

图 6.1　新媒体产业链条下各部分市场份额

6.3.3　减少市场过度干预，促进市场有序发展

中国政府在新媒体产业政策扶植上最常用的方法就是资金扶持，政府补贴，然而在这一过程中应注意干预的"度"，否则不仅会带来投资效率的低下，同时不利于整体市场竞争力的提升，以动漫产业为例，2006 年 4 月 26 日，国家刚把动漫定成大文化战略的一部分，当时的广电总局在全国影视动画工作会议上，宣布了一项雄心勃勃的计划，即通过一系列的税收激励措施，支持国内动画原创企业，并逐步改变日本和欧美动画在国际市场上一统天下的局面。政策出台后，不到 4 年时间（到 2010 年），中国动画片的产出已达 22 万分钟，取代日本成为动画制片领域的老大。然而过度的供给下，质量却有很大的不足，很多人开始思考：这个老大的头衔有多少人认可？国产动漫给自己和这个世界又带去了什么？随后为进一步推动国产动漫发展，我国政府又出台了《推动国产动画电影发展的九条措施》等一系列政策，以照顾本土动漫企业，各类生活琐事，如创作筹资、发行推广、院线排片、海外出口样样都替企业操心好了。然而如此之后，换来的却是动漫行业的"难见起色"和行业效率低下，在下一步的规划中，政府应把控好自己进行外部环境扶植的角色，避免过度干预而损害产业长竞争力的培育。

6.3.4　加强监管部门间的管理协作

工信部、广电总局、文化和旅游部等相关部门对新媒体业务出台了诸多规定，有一定的话语权，而这些规定之间又有相互矛盾的地方，多头管理容易出现管理真空或管理重叠，监管力度缺乏，部门间管理的协作有待进一步加强，以构建培育产业发展的良好氛围。我国传媒监管体系仍然实行分业经营、分业监管的模式。这种监管模式是在特定的历史条件下形成的，曾对我国传媒事业的发展起到了重要作用。但是随着传媒机构多元化、综合化发展，这种模式的弊端逐渐显露出来，不仅存在监管观念落后、监管制度不完善以及监管技术限制等问题，多头领导、职权重叠严重影响了对新媒体进行监管的效果。一方面，容易造成管理权的分散，部门职能交叉严重，起不到权力制衡的作用，不同部门之间可能存在利益争斗和执法责任不明确的问题。另一方面，也会导致被监管对象无所适从的尴尬局面。

在国外的许多国家中，都会有一部纲领性法律来对新媒体的监管起到指导与规范的作用，如美国的《1996 年电信法》和德国的《新媒体法》，虽然这些法律中有些是对原有法律的整合与修改，但通过这样的整合与修改，依旧可以对新媒体的监管起到指导作用。目前，我国多头管理背景下，正缺少这样一部纲领性的法律文件统领整个新媒体监管领域。此外，还有转变传统媒体监管的单一思路，根据新媒体内容的制作与发布流程明确各管理部门责任，例如分为内容提供商、服务提供商以及最基本的互联网接入商这三大基本部门，内容服务商要对其生产的内容负责，而服务提供商与互联网接入商的责任要有相关的法律做出详细的规定，以明确各自的责任，什么情况下服务提供商可以免除责任，什么情况下服务提供商要与内容提供商共同负责，都需要相关法律做出明确的规定，同时加强部门间协调联动。

6.3.5　有效改革审查制度，加强新媒体内容创新活力

中国新媒体产业的发展中，审查制度是对内容进行监督的规范性纲要，以保证文化传播内容对于社会大众的正确引导，然而当下的审查制度有待进一步规范和完善，比如：在很多人的认知中，动漫作品的观众应是

全年龄段的，作品既可以给小朋友看，也可以给成人看。而目前中国的影视"审查制度"，将动画作品的审查标准"一刀切"到只适合小朋友观看，在一定程度上带来了国产动漫的效率低下，限制部分动画创意的发挥。另外广电的审查尺度波动过大，诸如：国产电影行业，宁浩的《无人区》一审 4 年，贾樟柯的《天注定》先过审再遭禁，昆丁的《被解救的姜戈》上映期间还被叫停，李安的《色戒》上映后还是被禁。《西游降魔篇》上演极度视觉暴力也过审，《我想和你好好的》狂飙脏话没人管，《悲惨世界》描写暴动却蒙混过关，这一背景下，需要明确审查的标准，对媒体产业的审查制度有效完善和改革，以保证新媒体内容创作和竞争的公平性，促进创新活力。

6.3.6　消费习惯和新媒体资费

中国消费者习惯了长期以来低成本使用传统媒体上的资讯和内容，而在中国互联网发展初期消费者也一直免费使用互联网，这使得国内消费者不能很快适应付费应用新媒体，适应这一变化，还需要一个相当长的时期。同时在资费问题上，终端用户使用新媒体业务的资费偏高，这在很大程度上阻碍了整个产业的发展进程。未来需要进一步相关政策的实施有效降低资费标准，同时在相关的新媒体商业模式还需要不断地探索，各方进行融合发展，实现共利共赢。

6.4　改进新媒体产业环境竞争力的对策

6.4.1　制定行之有效的新媒体产业政策，完善政策体系建设

针对当前日益突出的新媒体产业政策滞后性和差别性等问题，政府应该采取行政和经济手段并举的方式，建立行之有效的管理框架，制定和实施产业发展战略以及配套政策。组建相关研究机构，研究制定新媒体产业政策，在新媒体产业管理方式上寻求突破，在新媒体产业公共服务性与商

业性的平衡发展上找好平衡点，为产业链的发展壮大提供政策保障。

就现阶段我国新媒体产业出现的问题，我国需要及时采取有效措施，加强对新媒体的科学管理和规范，引导这一产业顺利健康地发展壮大。重点应该从下面几点着手：（1）加强完善新媒体的立法，使这一产业不同形式的细节管理上能找到法律依据，以规范对新媒体的管理。（2）对目前不同管理部门的管理职能进行梳理，或整合合并，并对权力范围作适当调整。增进管理部门的沟通和配合，并采取措施对管理职能的实施进行有效的监督。而关于管理体制的完善，有待于我们共同作积极的探索。（3）加强对新媒体平台传播内容的监督和管理，提高媒体从业人员的素质，加大对传播违法视听内容相关人员的惩处力度，推广举报制度，并制定奖惩措施。（4）重视新媒体产业的监管，并强化技术监管，注重培养新的技术人才。

总之，随着科技的不断发展，新媒体的内容和形态也是不断丰富和发展变化的。在新媒体以各种形式已经遍及我们生活的周围的时期，加强对新媒体产业的有效管理，不仅仅是对媒体行业的规范，也牵涉到社会的稳定和安全，需要引起我们的高度重视和思索。

6.4.2 借鉴国外先进的环境竞争力经验，推动新媒体产业发展

新媒体产业的健康发展是个系统性工程，需要政府和市场双力驱动，各司其职而又互相协作，既发挥市场机制的基础性作用，又发挥政策机制的保障作用。因此，我国在制定相关法律政策时，应借鉴国外一些先进的政策理念。

参考国外先进新媒体的管理经验后，本书认为，政府要强化制度主体效应，积极修改制定与完善《信息网络传播视听节目许可证》等相关于新媒体行业的制度。同时，扩大新媒体产业开放空间与领域，有效制定互联网视听服务业务指导规定，及促进"三网融合"的相关政策、法规，促使新媒体产业发展制度化、规范化，并能统筹安排，实现政策功能够有效协同，从根本上消除制约"三网融合"的体制性障碍和政策性因素，尽快走上和谐、健康发展的大道上。

目前，我国新媒体通信业务已经引起相关各方的极大兴趣。国内外相关运营公司、内容提供商、终端制造商及运营商纷纷摩拳擦掌，积极筹备，最终用户期盼着尽早应用到日常生活中。

6.4.3　政府的立法理念须走融合之路

新媒体运营服务方式和新技术运用带动了系列变革：不仅仅是媒体产业端开始融合，政府的立法理念、法律体系及法律制度也应融合。

技术和网络中立原则及允许双向进入原则的确立表现最为突出。不过，我国的具体国情不允许简单照搬国外模式；实际上，仅从个别部门入手，对现有规章局部的修改难以达到切实的管理绩效改善；而且部门规章类属执行法律或国务院行政法规、决定、命令事项，贸然修改恐怕违背法律，有恣意扩大行政立法权嫌疑。可行的办法是，根据《立法法》第五十六条、第五十七条和第七十二条之规定，提请国务院制定相应行政法规，或由国务院联合相关部门制定规章。目前，新闻、广电、信产、文化等多个行政部门承担新媒体产业管理职责，这些部门均可向国务院法制办提出立项申请，依据具体情况制定新行政法规，或牵头相关部门制定规章。然而，上述思路终究是权宜之计，只能在短期适用；长期来看，并不能根治问题，也不利于新媒体产业的发展。长远的对策，是规范立法、奠定法制基础，例如依据《立法法》第八条、第二十四条以及第二十五条之规定，结合《电信法》等法律进行立法。该方案虽难度大、立法时间长，却能为媒体产业的平衡发展奠定坚实的法制基础。

6.4.4　明确原则，建立治理格局

管制与治理最根本的差别是前者单方面要求企业或者个人执行管理者的行政命令，而后者则强调双方互动和协调配合。新媒体产业的管理需要政府政策指导、企业自觉遵守法律和公民积极参与配合。

参考国外网络管理经验，网络管理须运用行政、立法、网民道德自律、行业自律等多种措施。我国对网络的管理应当采用相对集中统一的网

络管理职责，尝试共同管理，以国外经验为借鉴，形成相对集中、职责明确、统分结合、权责一致的管理体制，提高网络管理的成效。

要把网络管控运营的权力收归中央，防止地方进行干预和封杀网络舆论、有意妨碍媒体监督的权利和公众的表达权、知情权。进一步完善网络管理的法律法规体系建设，注重国家安全、未成年人保护、互联网内容管理、反垃圾邮件等方面的立法工作。

第7章　中国新媒体产业国际竞争力评价

通过上文对中外新媒体产业发展现状的比较分析，可以看出中国新媒体产业在国际竞争力方面与世界新媒体产业强国相比仍有很大的差距，基础竞争力、核心竞争水平、环境竞争状况都有一些薄弱环节。从发展质量来看，鉴于中国新媒体产业发展起步晚并在上述竞争力若干要素方面差距明显，导致其在国际上的影响力和接受度、参与国际竞争的能力以及在国际上的权威性和公信力，与世界新媒体产业强国相比，仍有比较明显的差距。

目前，中国新媒体产业发展面临着一种较为尴尬的局面。一方面，"传而不通"。中国新媒体的全球覆盖率与世界主要的媒体相差不大，也就是说，在传播渠道方面并无明显差距。但是，中国新媒体在国际受众接触率方面明显偏低。根据媒体调查，大部分的国外受访者主要通过其本国电视和网络以及其他传统媒体和新媒体了解中国，而通过中国传统媒体和新媒体来了解中国的占比较低。另一方面，"通而不受"。在相对较低的接触率背后，中国新媒体产业的国际公信力和国际舆论引导力难有实质性的提高。当然，在近期一系列重大事件中，中国新媒体都积极地进行了参与，在内容和方式上积极创新，取得了较好的传播效果。但是，在未来相当长的一段时间内，中国新媒体产业的国际竞争力可能都将面临这种"有覆盖率而没接触率，有接触率而没公信力"的基本状况，中国新媒体产业的国际竞争力仍有待提升。

在上述现实背景下，建立评价中国新媒体产业国际竞争力的指标体系，并基于综合模糊评价方法，全面考察中国新媒体产业的基础竞争力、核心竞争力、环境竞争力的基本情况和发展方向，进一步切实提高中国新媒体产业的国际竞争力。

7.1　新媒体产业国际竞争力的评价指标分析

7.1.1　评价指标的确立

构建新媒体产业竞争力评价指标，应遵循一些基本的原则。这些原则不仅是针对新媒体产业适用的，对很多其他的产业也基本适用。

（1）科学性。指标体系应能客观真实地反映新媒体产业竞争力高低，每个指标的含义要明确，范围要界定清楚，统计口径应一致。

（2）综合性。指标体系要层次清晰、覆盖全面，要涉及新媒体产业竞争力的各方面，比较全面地反映新媒体产业竞争力的基本情况。

（3）主体性。指标体系也不可能包括所有角度的所有方面，因此要选择最能反映新媒体产业竞争力的指标，具有代表性。

（4）操作性。要求指标的数据能够易于搜集，能够有效监测和统计，同时要方便计算。

（5）潜能性。要选择一些反映新媒体产业在未来发展潜能和竞争潜力的指标，不仅仅基于当前，还要基于未来。

基于以上原则，依据新媒体产业国际竞争力的内涵和层次结构，建立全面反映新媒体产业国际竞争力的综合评价体系。指标数据的采集方面，由于竞争力的决定因素中，有些可以进行量化分析，如市场基础；有些则无法进行量化分析，只能用定性的方法来评价，如市场上买卖方的议价能力。在新媒体产业国际竞争力评价指标体系研究中，本章的评价指标是基于国际竞争力理论、国家竞争力理论、产业竞争力理论以及波特提出的产业国际竞争四阶段等理论得到。通过借鉴其他产业竞争力评价指标构建的原则和要素，结合新媒体产业具体情况构建了指标体系。

根据波特的钻石模型，本章将新媒体产业的影响因素概括为：生产因素、市场因素、关联产业以及政府行为。其中，生产因素具体包括发展新媒体产业人力资源条件、新媒体资源状况、资本资源与基础设施状况等，市场因素则包括一国或地区新媒体产业的需求结构与消费者行为，关联产业则应包含与新媒体产业相关的旅游产业、教育产业、信息产业等，政府行为包括影响新媒体产业发展的政府效率、政府信用、政府创新程度等。

借助于相关数据，进行不同国家或地区之间各相关指标的衡量和比较，从而得到不同国家或地区之间新媒体产业综合竞争指数，可以反映各国新媒体产业的竞争力。需要说明的是，新媒体产业竞争力评价指标体系属于静态的指标参照系统，对一定时点上的新媒体产业竞争力能够做出较为合理的评价，但对于动态的竞争力评估尚缺乏支持。

7.1.2　三种主要的综合评价方法的简介

接下来简单地介绍三种主要的综合评价方法，分别是综合模糊评价法、层次分析法（Analytic Hierarchy Process）和人工神经网络（Artificial Neural Network）。需要明确，不同方法的设计机理也不同，因此适用的研究对象也不同。

综合模糊评价是一种基于模糊数学的综合评价方法，其基本原理为，针对具体的研究对象，构建各级评价指标体系，分层确定各级评价指标的得分和权重，进而计算出所研究对象的综合得分结果。我们以三级指标体系为例，具体说明其运算步骤：第一步，建立研究对象各个层次的指标集。如果 U 表示一级指标，而用来反映一级指标各方面信息的二级指标记为 U_i，其中 $i = 1, 2, \cdots, s$。因此，一级指标和二级指标的对应关系为：$U = \{U_1, U_2, \cdots, U_s\}$。同理，对于任意二级指标 U_i，反映其各方面信息的三级指标记为 X_{ij}，因此 $U_i = \{X_{i1}, X_{i2}, \cdots, X_{ik}\}$。由此，我们建立了三级评价指标集。第二步，对各级指标，运用 Delphi 方法计算其权重，并采纳专家评分的方法，确定其得分。第三步，基于步骤二中各级指标的权重和得分，采用简单的线性加权方法，逐级计算上层指标的得分，最终得到所研究对象的综合得分。

层次分析法是将决策问题的相关元素分解成目标、准则和方案等若干层次，并基于此进行定性与定量分析的决策方法。此方法是对复杂决策问题的本质、影响因素及内在关系等深入分析之后，构建一个层次结构模型，然后把决策的思维过程数学化，从而为复杂决策问题提供一种简单的决策方法。层次分析法的步骤一般如下：（1）构造层次结构模型。复杂问题的目标不止一个时，可将目标层扩展成两层，第一层是总目标，第二层为分目标。其准则层也类似，需划分为准则层和子准则层，如此等等。（2）判断矩阵群的建立。从第二层开始，针对上一层某元素（今后泛称准则），对下一层相关的元素，进行两两对比，并按重要性评定等级。（3）权重向量的计算。为了提炼出有用信息，为决策提供科学依据，必须计算出每个判断矩阵的合成权重向量。（4）最终评价结果的计算。利用公式 $W = \sum_{i=1}^{M} b_i f_i$，其中 b_i 为合成权重，f_i 为第 i 个底层指标的得分。

　　人工神经网络是近年来发展较快的信息处理科学，因其独特的结构和信息处理方法，在许多领域的应用中取得了显著成效。人工神经网络是 20 世纪 80 年代以来人工智能领域兴起的研究热点。它从信息处理角度对人脑神经元网络进行抽象，建立某种简单模型，按不同的连接方式组成不同的网络。具有如下几个特点：（1）高度并行性。人工神经网络由诸多相同的处理单元并联而成，每个单元的功能虽然简单，但其大量处理信息的能力非常惊人。（2）高度非线性。人工神经网络每个神经元接受大量其他神经元输入，并通过并行网络进行输出。网络之间的这种互相制约与影响，使得从输入到输出状态空间的非线性映射得以实现。（3）良好的容错性与联想记忆功能。人工神经网络通过自身的网络结构可以记忆信息，并将之存储于神经元之间的权值中。单个权值中储存的信息内容是分布式的存储，是看不出的。因而网络容错性良好，并可以进行聚类分析、特征提取与缺损模式复原等模式的信息处理，同时还宜于做模式分类、模式联想等工作。（4）很强的自适应功能。通过训练和学习，人工神经网络可以获得网络的权值与结构，具有很强的自学习能力和对环境的自适应性。

7.2　中国新媒体产业的评价指标体系的构建

我国新媒体产业的竞争力（A）主要存在 5 个方面的影响因素。其一是新媒体产业所面临的新进入者的威胁。如果新媒体产业的进入壁垒越高，则其享有独特的竞争优势，越有利于新媒体产业国际竞争力的增强。其二是新媒体产业的相关替代产品。在经济学的基本原理中，当替代产品的替代性很强并且其性价比远高于原产品时，消费者在两个产品之间进行自主选择，使得原产品的竞争力将受到严重削弱。其三是新媒体产业的买方讨价还价能力。我国新媒体产业买方的讨价还价能力存在不同，如团体和个人具有不同的讨价还价能力，一般而言团体的议价能力强于个人。其四是新媒体产业供应方的讨价还价能力。新媒体产业面临不同的供应方，如原材料的供应方和知识著作的拥有者，他们通过各种手段增强在定价过程中的市场力，给新媒体产业的成本带来一定的影响。其五是新媒体产业的竞争力现状。竞争将促使企业革新技术，从而提高所有企业的国际竞争力。接下来，我们详细地构建我国新媒体产业国际竞争力指标体系的二级和三级指标。

1. 新进入者的威胁（B1）

我国新媒体产业所面临的新进入者的威胁，进一步通过以下四个三级指标予以体现。

（1）规模经济效应（C11）。所谓规模经济效应，是指企业投入 a 时，可以实现产出 y，而企业投入 ka（$k>1$），则产出超过了 ky。此种情形下，企业实现了规模经济效应。不难看出，规模经济是企业降低平均生产成本，提升自身竞争力、增加新进入者进入新媒体产业难度的重要手段。

（2）产品差异化水平（C12）。当市场中既有产品的差异化程度很高时，这意味着新生产者往往很难再进入这个市场，因为新生产者很难在这个市场中找到生存的空间。

（3）各种技术和原材料的壁垒（C13）。在现阶段各行业的竞争中，如果所使用的技术越先进，则外来企业进入此行业的难度越大；如果所使用的原材料越难获得，则外来企业的进入壁垒越高。对于我国新媒体产业而言，其发展正处在起步阶段，远落后于国际新媒体产业集团。因此，国外企业进入的壁垒很低。

（4）国家产业政策和贸易保护政策（C14）。由于新媒体产业自身的特殊地位及其所处的发展阶段，我国应该适当采用一些产业政策来保护新媒体产业的发展，给国际新媒体产业集团设置一些限制，以有利于我国新媒体企业更好地成长。

2. 新媒体产业供方的砍价能力（B2）

我国新媒体产业的供应商可以通过多种手段增强其价格谈判中的市场力，这将不利于新媒体产业降低生产成本，进一步削弱新媒体产业的国际竞争力。供应商增强砍价能力的手段包括减少服务种类和降低产品质量。可以预见，新媒体产业供应方的砍价能力将会逐步变强，使用下述两个指标来度量：

（1）新媒体产业原材料提供商的砍价能力（C21）。原材料具体包含制作室的建立等硬件设备，比如，电视节目制作需要摄影棚及一系列摄影器械，还包括软件上需要大量的创意产生和制作人员。这些都需要强大的经济实力做支撑。

（2）创意人员的砍价能力（C22）。由于内容创意环节是整个产业链的开端，也是核心。创意产品的诞生，意味着版权的诞生，而版权的获得意味着利润的合法性。在新媒体产业发展初期，创意者以及著作版权处在相对稀缺时期，我们在市场中很难找到形成品牌的产品资源，因此导致创意人员的定价能力非常高，几乎形成垄断。

3. 新媒体产业买方的砍价能力（B3）

新媒体的传播数据，可以通过数据进行数字化的考量，具体的表现形式为点击率等等。通过点击率的测算，可以获知市场的大小。新媒体产业的买方可以采用"用脚投票"的方法，在多个新媒体企业之间进行抉择，挑选对自己最有利的企业做交易，由此在价格谈判中占据有利的位置，从而获得一定的市场定价力。由于不同的买方所具有的砍价能力不同，我们基于不同买方而综合考察新媒体产业买方的砍价能力：

（1）团体购买者的砍价能力（C31）。团体购买者的砍价能力较强，具体包括广告商、学校图书馆等机构。

（2）个人购买者的砍价能力（C32）。个人购买者的砍价能力明显较弱，但是随着时代的进步，个人购买者的砍价能力也在增强。

4. 新媒体产业替代产品的威胁（B4）

我国新媒体产业面临的一个主要问题是对传统媒体的内容过度依赖。传统媒体的内容与新媒体相比，内容剪裁质量较高。传统媒体所提供的内容几乎都是训练有素的专业编辑和记者收集制作，分析准确客观、内容繁简得当、公信力较高；形式上能在有限的版面内精心安排，追求最好的表现效果。而新媒体还要提高信息质量，加强编辑水平，提高公信力和原创性。"要升级换代，其题中应有之义就是应该在新的运作平台的逻辑和价值构成的成分上，充分考虑和吸纳传统媒体的固有价值，而目前新媒体盈利模式的现实困难，其症结就在于没有吸收传统媒体中已经被社会实践证明了的那些成熟的、有效的价值成分和运作逻辑。"基于以上论述，从以下两个方面揭示我国新媒体产业替代产品的威胁：

（1）传统媒体的直接威胁（C41）。具体指，由于新媒体的资源匮乏，缺乏原创性内容，潜藏着知识产权纠纷的危险。相比之下，传统媒体总是质量更高而导致人们对新媒体产品需求的减少。

（2）新媒体产业者对传统媒体的应对能力（C42）。具体指，新媒体产业者能否积极面对传统媒体的挑战，要尽快强化信息的原创性，利用双方的优势，从而更好地促进新媒体产业的发展。

5. 新媒体产业企业的竞争激烈程度（B5）

对于一个行业或者产业而言，企业的数量或者竞争激烈程度可以一定程度上反映这个行业或者产业的竞争力。根据经济学的基本原理，企业在竞争中实现优胜劣汰，企业为了避免被淘汰，必须不断地采用更先进的技术和科学的管理方法，推动技术革新和管理进步，从而间接地提高整个产业的国际竞争力。一般通过以下两个方面予以具体反映：

（1）竞争方式或者手段的多样性（C51）。主要指企业在竞争中可以

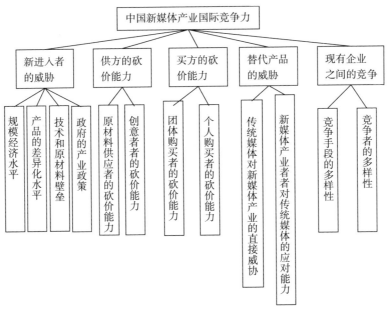

运用不同的手段维持自身的竞争优势，一个企业的竞争手段越丰富，说明这个行业的竞争力越强。

（2）竞争企业的多样性（C52）。这个多样性包含两方面内容：其一，企业的数量很多；其二，企业各自具有不同的优势。不同的企业进行多样化的竞争，有利于提高整个行业的国际竞争力。指标体系见图7.1。

7.3 我国新媒体产业的综合模糊评价

（1）进行综合模糊评价前，首先要确定研究对象。本书是对我国新媒体产业进行国家间的评价，自然地，本书的研究对象就是中国新媒体产业的国际竞争力。

（2）构建评价新媒体产业国际竞争力的各层次指标体系。我们在7.2节构建了评价我国新媒体产业国际竞争力的3个层次的指标，包含5个二级指标，以及衡量每个二级指标各方面的若干三级指标。上述指标体系的构建，使得我们获得一个全面考察新媒体产业的国际竞争力的指标体系。

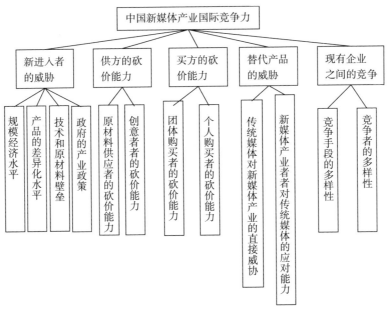

图7.1 中国新媒体产业国际竞争力评价指标体系

（3）确立所建立的指标体系的指标评价等级，并给出所依据的标准。我们需要基于指标体系对研究对象进行综合评价和度量，因此，有必要制定相应的评价等级及其对应的标准，基于此做出评语集 $V = \{V_j\}$（$j = 1$，2，$\cdots$，m）。一般地，划分评价等级数量时可以介于 5 至 7 个等级之间，不可划分过粗或者过细，而我们将评价等级划分为 5 级。评价标准和评价等级紧密联系，如对同一指标，5 个等级的评价标准和 7 个等级的评价标准明显不同。所以，制定指标体系的评价等级及其标准是我们评价研究对象的基础，它将定性和定量数据指标有机结合起来，可以在一个框架下进行度量。

（4）对每个评价指标进行单因素评价。我们采用专家打分的方法，通过征询有关专家的意见，对专家意见进行统计、处理、分析和归纳，客观地综合多数专家经验与主观判断，对大量难以采用技术方法进行定量分析的因素做出合理估算。

（5）计算各级指标的权重。使用任何一个指标评价更高层次指标时，其代表的重要性不同，因此所获得的权重应有不同。举个简单的例子，某二级指标 B1 = {C11，C12，C13，C14}，C11—C14 对评价 B1 均有代表性，但重要性程度一定不同，所以我们综合评价 B1 时，应该对 C11—C14 赋予不同的权重，但是权重之和应该等于 1。我们赋予权重的方法使用模糊 Borda 数法，下一小节将具体讨论并运用这一方法。

（6）综合评价。我们所建立的新媒体产业国际竞争力具有三级指标体系，还必须进行多层次综合评价。为了充分利用我们拥有的所有信息，我们采用线性加权的方法，对各层次的信息进行统计汇总。

（7）计算最终评价结果。我们逐层次针对各个评价对象重复以上 6 个步骤，逐级向上，从而最终得到我国新媒体产业国际竞争力的综合评价结果。

7.4　中国新媒体产业国际竞争力评价实证

7.4.1　确定各级指标的权重

本书接下来基于格栅获取和模糊 Borda 数而确定权重。格栅获取的基本思想是，任何一个元素的属性都可以通过一个刻度为 1—5 的线性刻度表来揭示。模糊 Borda 数源自 Borda 数分析法和经济学中的委托效用函数，基于不同个体的偏好和评价，提炼出整个群体的偏好和倾向，并且其计算方法简单，逻辑思路清晰，因此在实践中运用较为广泛。

图 7.2　格栅获取刻度表

1. 二级评价指标的权重

我们采用调查问卷的方式，在全国范围内，调查 300 名新媒体产业界人士（主要包括从事学术研究的高校教师、新媒体企业的经理和管理者、从事新媒体行业的基层工作人员）对反映我国新媒体产业国际竞争力的各二级指标重要性的结论。每个调查者对各二级指标重要性的判断必须介于 1—5 之间，其中 5 表示"最重要"，不同二级指标的重要性可以相同。我们对调查结果进行整理，从而获得表 7.1。

表 7.1　新媒体产业的二级评价指标的重要程度

P_m ＼ B_m (B_p)　B_p	B1	B2	B3	B4	B5
新媒体界学者	4	4	3	4	3
新媒体编辑	4	5	3	4	4
新媒体产业管理者	5	3	3	5	4
新媒体产业经营者	4	4	4	3	3

　　然后，我们计算二级指标 B_p 在每个属性评价中相对于"最重要"的隶属度 U_{mp}，公式如下：

$$U_{mp} = B_m(B_p)/\max\{B_m(B_p)\}$$

　　由此计算得到表 7.2。以第一行为例，新媒体界学者对 5 个二级指标（B1 – B5）的重要性的评级分别是 4、4、3、4、3，其中重要性评级最高的是 4，所以表 7.1 第一行所有数值除以 4，得到表 7.2 的第一行，以此类推得到表 7.2 的第二至第四行。

　　基于表 7.2，我们进一步运用公式：$f_{hp} = \sum_{m=1}^{M} \delta_m^h(B_p)U_{mp}$，计算模糊频数统计表 7.3。以表 7.3 第一列（B1）为例，考察 4 个评委对 B1 的重要性偏序：其中第 1 个评委将 B1、B2 和 B4 的重要性并列排在 1—3 位，所以 B1 有 1/3 的可能排第 1、有 1/3 可能排第 2、也有 1/3 可能排第 3；第二个评委将 B1、B4、B5 排在 2 – 4 位，所以 B1 有 1/3 的可能排第 2、有 1/3 可能排第 3、也有 1/3 可能排第 4；第三个评委将 B1、B3 并列第一，所以 B1 有 1/2 的可能排第 1、有 1/2 可能排第 2；第四个评委将 B1—B3 并列第一，B1 有 1/3 的可能排第 1、有 1/3 可能排第 2、也有 1/3 可能排第 3。基于上述这一堆数值，第一列的数值计算如下：第一列的第一行（即 f11）计算的是将 B1 排在第一位的数值之和，并列的时候需乘以概率，即（1/3）× 1 +（1/2）×1 +（1/3）×1 = 1.17，第一列的第二行（f21）计算的是将 B1 排在第二位的数值之和，即（1/3）×1 +（1/3）×0.8 +（1/2）×1 +（1/3）×1 = 1.43，第一列的第三行（f31）计算的是将 B1 排在第三位的数值之和，即（1/3）×1 +（1/3）×0.8 +（1/3）×1 = 0.93，第一列的第四行（f41）计算的是将 B1 排在第四位的数值之和，即（1/3）×0.8 = 0.27，第一列的第五行计算的是 1—4 行的和，R1 = 1.17 + 1.43 + 0.93 + 0.27 = 3.8。同理可以计算第二至第五列。结果如表 7.3 所示。

表 7.2　隶属度计算表

UmpB_p / P_m	B1	B2	B3	B4	B5
新媒体界学者	1	1	0.75	1	0.75
新媒体编辑	0.8	1	0.6	0.8	0.8
新媒体产业管理者	1	0.6	0.6	1	0.8
新媒体产业经营者	1	1	1	0.75	0.75

表 7.3　模糊频数统计表

fhpB_p / P_m	B1	B2	B3	B4	B5
1	1.17	1.67	0.33	0.83	0
2	1.43	0.67	0.33	1.1	0.27
3	0.93	0.67	0.33	0.6	1.07
4	0.27	0.3	0.68	0.64	1.02
合计（R_p）	3.8	3.31	1.67	3.17	2.36

最后，基于表7.3的结果集合评分公式进行考察：

利用公式 $F_B(B_p) = \sum_h f_{hp}/R_p Qh = \sum_h W_{hp}Qh$，计算模糊 Bodar 数

$FB(B_p)$，其中，令 $Qh = \dfrac{1}{2}(N-h)(N-h+1)$ 结果如下，$F_B(B_1)$

$=6.1421$

$\quad F_B(B2) = 6.9577$

$\quad F_B(B3) = 4.1617$

$\quad F_E(B4) = 5.47$

$\quad F_B(B5) = 2.4788$

为了保证权重之和为1，我们进行归一化处理，得到各二级指标的

权重：

$W_1 = 0.2436$　$W_2 = 0.276$　$W_3 = 0.1651$　$W_4 = 0.217$　$W_5 = 0.0983$

2. 三级指标的权重

我们重复上述工作，针对每个二级指标计算其所包含的三级指标的权

重，计算结果如表7.4所示：

表7.4　评价指标体系

目标	二级指标	权重	三级指标	权重	处理前得分	处理后得分
中国新媒体产业国际竞争力评价	新进入者的威胁	0.2436	规模经济水平	0.3002	0.45	0.45
			在基础竞争力方面，产品差异化水平	0.2036	0.63	0.63
			在核心竞争力方面，技术和原材料壁垒	0.3101	0.41	0.41
			在环境竞争力方面，政府的产业政策	0.1861	0.73	0.73
	供方的砍价能力	0.276	原材料供应方的砍价能力	0.5931	0.56	0.56
			创意者的砍价能力	0.4069	0.51	0.49
	买方的砍价能力	0.1651	团体购买者的砍价能力	0.6915	0.78	0.22
			个体购买者的砍价能力	0.3085	0.35	0.65
	替代产品的威胁	0.217	传统媒体对新媒体产业的直接威胁	0.5384	0.58	0.42
			新媒体产业者对传统媒体的应对能力	0.4616	0.62	0.62
	现有企业之间的竞争	0.0983	竞争手段的多样性	0.4822	0.56	0.56
			竞争者的多样性	0.5178	0.75	0.75

7.4.2　中国新媒体产业国际竞争力综合评价过程

（1）我们首先需要获得表7.4倒数第二列的各三级指标的原始得分（处理前得分），原始得分应基于专家和学者的咨询而获得，详细结果见表7.4。

（2）将处理前得分转化为处理后得分。如有些指标的处理前得分值越大，表示新媒体产业国际竞争力越弱，因此我们有必要采用1减去处理前得分，使得处理后得分越大，表示新媒体产业国际竞争力越强，转化的结果见表 7.4 的最后一列。

（3）由于我们构建的指标体系是多层次的，我们需要对低层次指标进行加权而获得高层次指标的综合得分，以此类推，从而获得我国新媒体产业国际竞争力的综合评价结果，其具体的过程如下：

$$f(B1) = \begin{bmatrix} 0.3002 & 0.2036 & 0.3101 & 0.1861 \end{bmatrix} \cdot \begin{bmatrix} 0.45 \\ 0.63 \\ 0.41 \\ 0.73 \end{bmatrix} = 0.5264$$

$$f(B2) = \begin{bmatrix} 0.5931 & 0.4069 \end{bmatrix} \cdot \begin{bmatrix} 0.56 \\ 0.49 \end{bmatrix} = 0.5315$$

$$f(B3) = \begin{bmatrix} 0.6915 & 0.3085 \end{bmatrix} \cdot \begin{bmatrix} 0.22 \\ 0.65 \end{bmatrix} = 0.3527$$

$$f(B4) = \begin{bmatrix} 0.5384 & 0.4616 \end{bmatrix} \cdot \begin{bmatrix} 0.42 \\ 0.62 \end{bmatrix} = 0.5123$$

$$f(B5) = \begin{bmatrix} 0.4822 & 0.5178 \end{bmatrix} \cdot \begin{bmatrix} 0.56 \\ 0.75 \end{bmatrix} = 0.6584$$

$$f(A) = \begin{bmatrix} 0.2436 & 0.276 & 0.1651 & 0.217 & 0.0983 \end{bmatrix} \begin{bmatrix} 0.5264 \\ 0.5315 \\ 0.3527 \\ 0.5123 \\ 0.6584 \end{bmatrix} = 0.509$$

7.5　实证结果分析

具体分析表 7.4 的结果。综合来看，我国新媒体产业国际竞争力的综合得分为 0.509，说明我国新媒体产业国际竞争力明显较弱。进一步观察各二级指标的得分："新进入者的威胁"的得分为 0.5264，略高于新媒体产业国际竞争力的综合得分，表明我国新媒体行业的外部威胁较为严重，但是这一、二级指标并非拉低我国新媒体产业国际竞争力的主要原因；"供方的砍价能力"和"替代品的威胁"的得分分别为0.5315和0.5123，表明新媒体产业的供给方砍价能力较强，并且面临较严重的替代品竞争，但是和"新进入者的威胁"相同，这2个二级指标也不是我国新媒体产业国际竞争力弱的主要原因；"买方的砍价能力"的得分为0.3527，表明我国新媒体行业买方给新媒体产业竞争力带来了严重影响；"现有企业的竞争"的得分为0.6584，表明新媒体行业的企业竞争较为激烈，增强了整个新媒体产业的国际竞争力。综合以上分析，我们认为我国新媒体产业的国际竞争力还有待提高。

本章中，我们首先建立了我国新媒体产业国际竞争力的三级指标评价体系，进一步，运用综合模糊评价方法，评估我国新媒体产业的国际竞争力。结果充分说明：我国新媒体产品购买者的砍价能力较强，我国新媒体产业面临较严重的外来威胁。而且我国供方的砍价能力较强，将会进一步压缩新媒体产业的利润空间。

其次，评价指标还告诉我们一个不争的现实是，我国新媒体产业在遭受较严重外来威胁的同时，还将面临国内传统媒体对新媒体产业的实质性威胁。综合指标认为，目前我国新媒体产业面临着非常严重的进入者威胁和挑战，我国新媒体产业的国际竞争力较弱。我国新媒体产业相关的部门需要从基础竞争力、核心竞争力、环境竞争力等方面制约因素入手，采取相应的得力举措，有效地提高我国新媒体产业国际竞争力的水平。

最后，我国新媒体产业相关的部门需要从基础竞争力、核心竞争力、环境竞争力等方面制约因素入手，采取相应的得力举措，有效地提高我国新媒体产业国际竞争力的水平。

第8章 中国新媒体产业和传统媒体产业竞争力的关系研究

8.1 中国传统媒体产业的发展现状

当前传媒的格局是由一个漫长、持续、渐进的技术创新发展过程衍生出的局面。这一技术创新过程，可以简略的概括为：金属活版印刷技术、电报与电视机的发明、计算机与互联网的发明、智能手机的生产与推广。这一由低级到高级，从简单到复杂的演变过程形成了复杂多态的传媒产业格局：印刷技术、电报与电视机的技术发明诞生了报纸、广播、电视三者鼎足而立的传统媒体；互联网与智能手机的推广使用产生了以互动性和数字化为本质特征的新媒体。我们知道，造纸印刷术的发明产生了传播文字信息的报纸；无线电技术产生了的传播声音的电台；卫星、光纤、电缆的铺开则使得集成文字、声音、图片和视频的立体式传输成为可能；互联网的迅猛发展，则使得上述形式的信息以多形式、互动的方式在媒介信息的生产者与受众之间传播。新媒体的互动特征给这一媒体形态带来了巨大优势：传播速度快、互动感强、不受时间限制、拥有大量丰富的内容。

在新媒体的冲击下，以报纸、广播和电视为主体的传统媒体遭遇到空前的挑战，其生存压力空间增强。与新媒体的高速增长的火热局面相比，传统媒体即使在有宏观政策的扶持之下，也无法改变其江河日下的黯淡窘况。在这一年中，传统媒体经历着市场萎缩和人才流失等诸多困境。

8.1.1 传统报刊业的寒冬

2015年传统报业的"寒冬"仍在持续发酵，经历着"断崖式"下跌。

《中国传媒产业发展报告（2016）》的数据显示：与 2014 年相比，全国各类报纸的零售总量同比下降了 41.14%，特别地，其子类都市报零售量下滑幅度最大，高至 50.8%。值得注意的是，稳定的订阅市场在 2015 年也开始不稳定起来，呈现加速下滑的趋势。不仅如此，伴随着传统报刊发行量的大幅度下跌，广告收入也进入下滑通道。根据梅花网的广告监测数据，2015 年的平面硬广（报纸和杂志）总体投放量和估计刊例值依然继续走低，分别为 346131 篇和 353.86 亿元，分别同比下降了 37% 和 34.4%。基于此，2015 年的报业市场整体规模首次低于电影票房市场（440 亿元）。作为报业最为重要的收入来源，广告收入的下滑使得近年来报刊的经营日益举步维艰。与报业发展休戚与共的从业者在寒冬之际开始主动离职或被动裁员，造成人才流失的局面。如《第一财经日报》总编辑秦朔、《南方周末》前副总编辑伍小峰、《南方都市报》前总经理陈朝华、《南方人物周刊》主编徐列等在内的许多资深媒体人士纷纷主动离职，谋求新发展，深深震动业界。湖北楚天都市报裁员 70 人；陕西华商传媒集团下属的华商报、新文化报、华商晨报纷纷裁员。据报道，南方报业集团仅 2014 年就有 202 名集团聘任员工离职，2012 年至 2014 年总计离职员工 519 人，其中采编人员占绝大多数。寒冬的继续蔓延，已经危及报纸的生命，造成报刊行业的停刊和休刊风潮。全国知名纸媒《商务周刊》《都市主妇》《壹读》等杂志陆续停刊，此外，《新闻晚报》《竞报》等纷纷休刊。2013 年，全国公开发行报纸种类减少了近 100 种。据不完全统计，2014 年中国停刊或休刊的知名报纸数量约为 10 家，而 2015 年这个数字扩大到 30 家左右。由此可知，传统的报刊媒体不仅风光不再，难有起色，其更将处于"生死时速"的状态。

　　为应对当前的严峻形势，寻求改变的主流报刊均开始自发初步尝试设置电子版，从而推动报网互动，以求借助于数字化的互联网渠道为读者阅读提动便利，同时借助于移动媒体中的新科技手段，比如"二维码"、"公众号"以及"云报纸"。这一自主尝试，也推动了政策层面上的演变。2014 年 8 月，中央全面深化改革领导小组第四次会议审议通过了《关于推动传统媒体和新兴媒体融合发展的指导意见》。有了政策层面上的明确，全国报业开始加大融合与转型的步伐。当然，即使有了政策的推动，融合发展尚无成熟的模式可循，融合的尝试也处于初级的极端，典型地，大多报社的融合实践大多数是建立新闻网站、上马"微信微博新闻客户端"或者打造新媒体平台等。值得注意的是，这些融合尝试的成本无法忽视，一般其需要投入巨大的人力、物力、财力，另一方面这些融合尝试并没有形成成熟的盈利模式。成本的存在与盈利的不明朗，使得大多数报社并不会轻易尝试融合，而是坚守传统的发行途径，期待早一天出现盈利增长点，仅有少数几家实力雄厚的媒体在进行前景不明朗的尝试。但陷入僵局的是，传统体制对于新兴业态的束缚是不争的事实。基于体制的制约，报业难以全局配置并优化资源，这使得个体不具备或者不能被激发出创造活力，同时再加上整个行业处于剧烈下行期，坚守当前的报社势必会逐渐消亡。为此，有一些报刊在另一个维度上进行尝试，希望转变办报模式，带来新的变化。一是，由于大批县市报在报刊整顿期间关停并转，以都市类报纸为代表的企业开始重视县市所在地的市场机会，通过重心下移、联合办报或者创办县市报的方式，挖掘这一新的市场，目前来看取得了不错的效益。二是，开始创办社区报。典型地，上海的《新闻晨报》与上海多个街道合作，创办了各街道的社区报，覆盖了上海多个街道社区，由此获得了超过 100 万份的总发行量。三是，开启免费报的模式，伴随着地铁的发展，目前国内已有北京、上海、南京、广州、深圳、佛山等地开启了免费的地铁报，这种借鉴了欧美的办报模式随着中国地铁的日新月异的发展，可能还有着极大的办报上升空间。

由上述分析可知，新媒体的蓬勃发展，带动了报刊业的寒冬来袭，发行量以及广告收入双双断崖式下降，由此形成了报刊业人才、资源流出的肃杀局面。为应对这一严峻形势，报刊企业或寻求与互联网融合，或寻求新的办报模式、找寻新的生存市场，或原地不动期待寒冬早日结束。但目前来看，尚无成熟稳定的模式可助力诸多报刊企业脱离寒冬。由此，报刊企业尚处在突围阶段，前景仍然不明朗。

8.1.2　广播电视媒体的强势地位被削弱

2012 年，电视作为传媒市场规模最大的媒体分支，其广播电视总收入与 2011 年相比同比增长了 15.38%，首次超过 3000 亿元，达到 3135 亿元，其中广电部分创收为 2794 亿元。但随着新媒体的发展，电视媒体的强势地位迅速被削弱。2013 年《中国视听新媒体发展报告》显示，北京地区电视开机率从 3 年前的 70% 迅速下降为 30%。不仅观众数量在流失，观众的平均收视时长也在持续下降中。开机率和收视时长的下降，迅速止住了广播电视广告收入的规模扩张。2015 年《中国广播电影电视发展报告》显示，2015 年上半年，全国电视广告收入、广播广告收入的规模分别为 535.59 亿元与 74.87 亿元，同比下降了 2.06% 与 0.39%。电视广告刊例广告花费指标同比下降 3.4%，电视时段广告资源量也同比下降 10.2%。

众所周知，广播电视行业的主要收入与资金的来源便是广告收入，是维持广播电视的生存、正常运转的重要支柱。这一收入的下降对广播电视行业的打击是全面性的。首先感受到寒意的从业人员开始从电视台离职出走。有些加入以门户网站、互联网视频网站以及手机应用 App 为代表的互联网媒体，如前中央电视台著名节目主持人马东加入爱奇艺成为其首席内容官并创办米未传媒，紧接着，支撑中央电视台《喜乐街》栏目的 30 人创作团队集体出走到爱奇艺，加入米未传媒。有些凭借其丰富的媒体经验和高超的采编技术，从传统媒体人转变为高校教师。主持过《幸运 52》《非常 6 + 1》等多个知名栏目及多次中央电视台春节联欢晚会的著名节目主持人李咏，选择从中央电视台离开，于 2013 年 3 月，将人事档案正式转入中国传媒大学。无独有偶，凭着《实话实说》与《小崔说事》的节目主持备受观众喜爱的崔永元，于 2013 年 12 月，选择从中央电视台离职，在中国传媒大学教授"口述历史"一课。此外，2008 年，罗振宇从中央电视台离职，成为自由职业者，创办了"罗辑思维"。以上有代表性的案例充分显示出，电视媒体也开始因新媒体的冲击出现了人才流失，造成竞争力进入持续下降的通道。网络媒体和移动媒体的一路高歌猛进，对传统的广电媒体构成了巨大的冲击和挑战。因此，接下来，为应对这一冲击和调整，广电媒体开始积极寻求转变，在激烈的市场中寻找生存和发展空间。

与当前的新媒体相比，电视台的竞争优势定位在高质量的节目内容。为了吸引观众，电视台通过引进或原创的形式持续展开节目内容上的创新，典型地在于综艺节目的创新。浙江卫视和制作方灿星公司合作引进推出了音乐综艺节目《中国好声音》。《中国好声音》第一季每期节目的平均收视率超过4%，由此创造了中国电视娱乐节目的新巅峰，其决赛直播一期节目的广告收入过亿元。这一节目的成功也启示电视台采用新的制度以期加强节目内容的创新，电视台与内容制作公司之间开启购买节目版权、节目制播分离、分成共享的新制作模式。借助于《中国好声音》的成果，浙江卫视在综艺类节目持续发力，先后制作了《中国梦想秀》《奔跑吧，兄弟》等优秀的综艺节目。一直以综艺节目《快乐大本营》与《天天向上》俘获了大批年轻观众的湖南卫视，在节目内容上也在寻求创新，通过引进的形式制作了亲子综艺节目《爸爸去哪儿》与音乐综艺节目《我是歌手》，并原创地制作了音乐综艺节目《歌手》，大大加强了其节目内容方面的优势。中央电视台同样也在发力，制作了非常有影响力的美食纪录片《舌尖上的中国》。江苏电视台借助于其成功的婚恋综艺节目《非诚勿扰》等，在节目资源上持续推进受欢迎的户外综艺节目《我们的挑战》。东方卫视同样推出了受欢迎的户外综艺节目《极限挑战》。各家电视台基于综艺节目内容与形式上创新，获得了市场和口碑的成功，这为电视台塑造其节目内容上的优势奠定了坚实的基础，也为电视媒体人坚守岗位增添了宝贵的信心。

有了节目内容上的独特优势，电视台开始寻求与社会合作的深化，提出了"开门办电视"的理念，并将其转变为现阶段电视发展的制胜理念。以中央电视台为例，作为互联网电视持牌方，开始与乐视网合作，拓展其优势资源播放平台，与此同时，多面出击，与搜狐视频网站进行了合作，并在旗下成立"央视网上商城"。此外，在另外一个维度上，电视平台进一步向互联网等新媒体开放，在内容生产、资本运作和战略合作等多方面引入社会力量。最终，将传统媒体中的电视台办成台网联动、全媒体的平台，是电视台尝试融合新媒体，实现"互联网＋"模式的路径。在这方面，中国网络电视台"全媒体"报道奥运会，江苏电视台建设全媒体新闻平台正是这方面的积极尝试与探索。

总体来看，面对新媒体的冲击，中国的广播电视产业的市场开始萎缩，其强势地位被削弱。面对这一局面，广播电视产业开始着力加强其节目资源的优势，并借助于这一优势加强其传播平台，力图在广播电视业主导下引入互联网模式，最终把电视台打造成全媒体平台。

8.2 新媒体产业和传统媒体产业相关影响的关系分析

从历史的角度来看，传统媒体行业处于优势地位，有着主导者角色。如今，由于传统媒体商业化水平低、传播速度慢、影响力差，在新媒体产业崛起的背景下显得劣势。目前，新媒体的各方行业想要寻求自己的利益，最大限度地发挥新媒体产业链的发展机遇，扩大产业链，竞争的重点在于内容和领域。电信业和网络业等过去与媒体产业毫无关联的行业争相拓展新媒体业务，移动、联通、电信等运营商凭借其对通道的掌控和直接面对消费者的优势，把"媒体型业务"作为新的业务增长点，从而将自己转型为社会信息服务的提供者。这势必导致传统媒体产业的生存空间受到挤压。在新媒体产业崛起的背景下，如何继续生存和发展，如何找准自身的定位，如何转型，是传统媒体行业的燃眉之急。

新媒体产业的发展为传统媒体带来挑战的同时也提供了机遇，传统媒体应发挥先天优势，对自身产业构建进行完善，方可在内容产业方面胜过新媒体产业。可从如下方面着手：首先，信息内容的生产是传媒业的核心价值所在，传统媒体行业在内容原创和配置方面有着天然的优势。也就是说，传统媒体行业凭借其多年的市场地位、资源优势和强大的人员构成，如果能扬长避短、立足根本，则可凭借内容取胜，夺回媒体产业链的话语权。同时，传统媒体产业有着强大的国家政策支持。从目前的趋势来看，互联网是产业融合的核心，消费者日益倾向于在网上进行阅读和娱乐活动，使得传统媒体丧失了渠道的优势。然而，传统媒体的背后有政府的支持，因此也不会受到太大的冲击。例如，网络电视（IPTV）是三网融合中的代表业务，广电业可以借助强有力的行政力量控制网络电视牌照的发放，从而保障其在新媒体产业中的主导地位。

其次，传统媒体业所擅长的内容和新媒体产业所控制的渠道本是密不可分的，信息传播业的基本构建就是"内容＋渠道"，因此两者的发展起到了相辅相成的作用。随着信息技术的发展，技术所制成的媒介渠道资源格外丰富甚至过剩，形成了激烈的竞争关系。与之相反，传媒业的内容资源相对稀缺，在渠道膨胀和出口泛化的背景下尤为明显、其中有价值内容的稀缺更为突出。传媒业的主要目的在于信息传播服务于人，因此遵从"内容为王"，新媒体产业再发达也不能脱离这个规律。在当今社会，掌握了内容的人才是媒体产业中的中流砥柱，而内容恰恰是传统媒体的优势所在。因此，传统媒体应充分发挥自身优势，牢牢掌控住内容环节，让新媒体产业为自己的内容提供渠道，从而在新媒体产业迅速发展的时代背景下成为受益者。目前，部分传统媒体企业实现了与新媒体产业企业的协同合作（"数字报""网络杂志"等新型出版业态），许多纸媒设立了网站（新华网、人民网）和微信公众号。因此，传统媒体产业只需立足与提供内容，借助进行媒体产业提供渠道，即可在数字化时代分得一杯羹，从而实现自我超越。新媒体产业在为传统媒体带来威胁的同时，也为传统媒体产业提供了发展的契机。

再者，中国新媒体产业和所有媒体产业一样，肩负着传播中国文化、为不同群体发声、满足人民群众对多元化精神需求的使命，应该立足于内容，而不能以技术市场为导向。目前我国新媒体产业企业发展的亮点仍体现在传播技术，内容环节大多是门外汉、创新不足，能力有限。中国新媒体产业发展至今，内容已被认为是产业发展的一大瓶颈。从这个角度上来说，中国的传统媒体也应当仁不让承担起责任，将自身还原为内容产业建设主导者的角色，通过生产丰富的内容产品来实现中国新媒体产业的真正做大做强。正如眼下业界众多专家学者之言，"三网融合将使内容服务市场从卖方转为买方市场，相关行业的内容提供商尤其是独占此项优势的中国广电业在三网融合中终将成为最大的受益者"。

　　总而言之，新媒体的崛起对传统媒体提出了新的要求和挑战，传统媒体行业首先应正视传媒业的生态变化，主动适应并且融合发展环境。新媒体产业已经全方位改变了当前的生态环境，传统媒体行业需要对此作出正确而清醒的认识。从我国国情来看，网络业和电信业由于更加灵活的体制和机制，在新技术的开发以及运用方面占领了先机，在产业发展的前期阶段掌握了主动权。传统媒体在充分了解自身核心价值、明确"内容为王"的前提下，应主动适应新环境，积极接受新概念、新技术、新业务，认真研究公众需求的新趋势。从历史的角度，内容的商业化组织形态遵循"载体为先""渠道先行"，传统媒体应致力于让技术为内容服务，从而生产适合新时代的传播载体、显示终端等媒介平台的产品。例如，传统媒体产业的内容产品可通过光盘、网络等新媒体渠道传播，消费者可以通过计算机、电视、手机等终端接收。与此同时，随着技术的进步、数字化的发展，媒体受众的关注点显现出"碎片化"趋势，信息来源呈现多元化特点，传统专业信源占主导地位的时代一去不复返。如今，传播内容相当一部分为民间信源和用户制作内容，因此传统媒体产业需要将先前的"受众"理念取代以"用户"理念，针对不同的用户需求提供定制化、个性化的服务。在内容原创的同时，正视并充分利用"草根"内容，通过对其进行筛选和优化实现自身内容信息广度的拓展。

　　同时，传统媒体应重新构建内容生产流程，并对生产平台进行融合。新媒体始于传播技术的融合，以及数字化带来的内容上的融合。音频、视频、图片、文字等格式的信息可以跨终端、跨网络、采用多媒体的形式传播。因此，传统媒体产业企业需要改造信息内容的生产流程，打造融合多样化媒体形式的采编以及运营平台，针对特定媒介的生产形态，转变为适合向多种载体、多种媒介渠道传播的形式，建立采集一次发布多次、开发一次销售多次的更为有效的生产形式。在通过技术手段和硬件配置对流程进行革新的同时，传统媒体也应转变其组织管理方式，对媒体内部进行重新分工，并且对现有的人员结构和运营机制进行实质上的革新，增设针对不同媒介的采编单位。最后，还应全面提高传统媒体从业人员的素质，部分员工需要向顺应新媒体潮流的方向转变。

8.3　实证研究

本部分通过实证分析新媒体产业的崛起对传统产业的影响，分别选取电影和网络视频代表传统媒体和新媒体。我国的电影产业链中，有 174 家制作方，50 家发行方，38 条院线和 2000 余家影院，平均年产 526 部电影，产业链完整，门槛较高。网络视频自 2006 年起，每年的市场容量呈指数增长，内容较电影更加丰富，可以满足不同消费者的需求。然而，网络视频的崛起是否挤压了传统电影业的生存空间呢？

电影票房和网络视频市场规模和用户数量近年来的走势如下图所示：

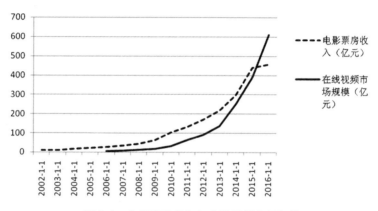

图 8.1　电影票房收入与在线视频市场规模

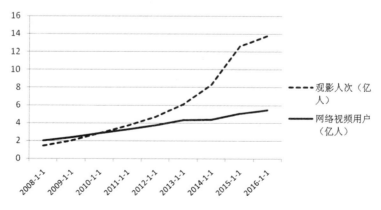

图 8.2　观影人次与网络视频用户数

根据历年来的数据，电影票房和在线视频市场规模的相关系数高达0.95，可见网络视频的崛起并没有妨碍电影业的发展。从人数的角度，在网络视频用户增加后，电影观影人次依然上涨，同时观影人次和网络视频用户的相关系数为 0.96。因此，新兴媒体产业和传统媒体产业之间的竞争并不是零和博弈，此消彼长。相反，两者可能相辅相成，共同进步，融合发展才是未来的趋势。

8.4　更好地融合传统和新媒体产业的发展

在传统媒体产业与新兴媒体产业协同发展的过程中，传媒机构和企业的角色逐渐多元化。信息生产商、集成商、技术供应商、网络运营商日渐针对多元化市场、顺应媒体产业发展的趋势，通过对整个传媒产业链进行整合，形成了产业集群化的形态。传媒产业的集群化融合既可以通过上下游产业的纵向整合，也可以通过横向融合使得传媒企业形成同类集群，也可以通过对产业链条中不同部分的交叉融合形成产业集群。总之，集群化发展是两者在产业融合过程中的必然趋势。

产业集群是一种有利于促进产业发展、提升产业竞争力、优化产业结构的核心方式，是对产品的进一步精加工和对产业链的延伸，是区域内传媒产业企业的纵向一体化发展。企业的纵向一体化有助于提高企业的市场敏感性，加强企业之间的联系，加速信息传递。产业集群发展的优势可以在宏观产业链条到微观企业个体等多个层面中得以发挥。在传媒行业中，不同媒体在产业运营中有着不同的要求，需要辩证和差异化对待。新媒体产业的迅速发展指明了传媒业发展的新方向，随着传统媒体企业对经营之道的积极探索和创新，大量属于传统阵营的新媒体平台应运而生。整个媒体产业，无论是传统产业还是新兴产业都面临着争夺市场占有率的艰巨任务和巨大挑战，从而凸显了传统媒体产业与新兴媒体产业集群化融合发展的迫切性和必要性。

当前，传媒产业的融合发展仅完成了形态上的集群化，距离有效融合有一定差距。传统媒体与新兴媒体的集群化发展当前进入了瓶颈期:一方面传统媒体的新媒体平台尝试如雨后春笋般涌现,但另一方面新旧媒体尚未进行真正意义上的融合。新旧媒体之间的深度融合不仅是简单的入驻或者账号开通,更重要的是要在真正意义上实现资源共享和共同发展。在新兴媒体的挑战下,传统媒体早已派生出了数目庞大的新媒体形态,几乎全国的传统媒体产业企业都在"两微一端"上进行形态延伸,或通过增设部门运营,或通过控股公司运作,都在形式上体现了较强的集群化发展特征。但是从效果的角度,上述行为只达到了表面上的集群化,并没有在内容生产与和传播等多个核心方面实现有效融合。假如不扭转该局面,仍将有大传统媒体在融合发展中被淘汰。

新旧媒体产而言的融合发展是行业发展的内在需求,随着传媒生态日益复杂,影响因素和不确定性不断增加,传媒与社会、政治、经济之间的互动愈发深入和频繁。传媒企业应当如何定位、如何发挥自身在传媒产业的优势值得深思。融合发展的大背景下,传媒企业为适应社会发展需要做一些结构性调整,从而在满足经济社会需求的同时为自身发展提供新的增长点。在融合发展过程中,传媒企业需把握社会结构调整、产业结构升级的机遇,在新旧媒体之间的边界日益模糊化中寻求战略发展的契机。随着集群融合化发展影响的扩大,媒体产业的作用范围将超越传媒业。基于统一的以互联网为代表的数据平台,媒体与其他行业之间互相渗透,教育、电商等相关产业的结构调整也会为传媒业扩大战略空间和市场空间。此外,也应关注国家层面的产业政策,逐渐深入的"一带一路"建设使得我国与沿线国家的合作更为密切,为各国在经济发展过程中的深入合作创造了新的契机。与此同时,得益于国家层面的战略布局,视听产业融合发展的空间得以拓展,借助"互联网 + 资本"的力量,我国视听产业可以更多参与国际传媒市场的整合与升级,从而实现多方的互利共赢。

第9章　中国新媒体产业竞争力提升对相关产业和整体经济的影响

9.1　新媒体产业对其他产业发展的带动作用

传媒产业作为社会系统的重要组成部分，与社会其他系统和产业有着密切的关联，尤其与经济密不可分。在现代社会中，新媒体已然成为传媒系统中至关重要的部分，在为全社会传媒业带来颠覆性革命的同时，也为经济领域造成了更为深远的影响。相较于传统的大众信息传播媒介，新媒体从速度上更为迅速，在内容上更为丰富，在传播上有更强的互动性，从而更加人性化。这些新媒介的特征使之不但为社会带来了全新的沟通传播方式，也在经济形态、信息沟通和社会关系维护等方面起着更大的作用。当今，以互联网产业、数字化媒体产业、移动通信产业为首的新媒体产业形态已经在整个社会经济系统中占领着至关重要的地位。

由于社会经济系统中各组成部分之间的相互依存，任何一个社会产业的发展都会牵一发而动全身，甚至可能在带动新产业的同时，促成旧产业的升级。随着新媒体产业企业的不断涌现，市场规模的持续扩张。逐渐带动了网站建设、网络维护、电子商务、技术服务等衍生产业以及其他相关行业的发展。其中电子商务作为互联网的重要应用，其迅速发展为物流业、客服、售后、广告等上下游衍生产业带来了商业机会。如今电子商务外包服务市场已经初具规模，目前国内最大的电子商务外包服务商兴长信达已经为 HTC、诺基亚、摩托罗拉、索爱等知名品牌建设了官方网上商城。电子商务的发展对中国快递业发展有极大的促进，国内快递公司申通快递从 2007 年接受网店订单以来，业务量从 30 万单已经增长到超过 200 万单。淘宝作为中国最大的电子商务平台，2015 年营业额超过 4000 亿元，与电子商务关系最密切的快递行业从中获取了丰厚利润。

新媒体产业的快速增长也推动了新媒体监测分析和新媒体服务业的发展，国内已经产生了一批专门针对新媒体领域进行研究的新媒体咨询公司。例如艾瑞咨询集团就是新媒体发展背景下逐渐成长为一个在新媒体研究领域极具影响力的新经济专业研究机构。

9.2　新媒体产业对整体经济的深层次影响机制

经济的增长提高了消费者的精神需求以及衍生而来的媒体需求，而媒体的增加会加快信息传播，消除信息不对称，增加交易机会，从而反过来进一步促进经济发展。经济增长促成媒体产业的繁荣，而媒体产业的繁荣也会助力经济发展。因此，媒体产业与经济的发展是相辅相成的。

新媒体的发展带动了整个信息经济的崛起。近几年，信息经济逐渐成为全球各国占领未来市场和制高点的战略选择。随着"宽带中国"战略的逐渐深入，网络的信息承载力迅速攀升，网民规模达 11 亿，释放了极大的市场潜力。根据"宽带中国"发展战略时间表，"十三五"终期，固定的宽带用户将高达 4 亿户，光纤网络全面覆盖城市家庭，用户占比达到 70%。3G 网络用户将超过 12 亿户，普及率超过 85%。同时，还将采用多种技术和方式向有条件的行政村延伸开通宽带，其比例将超过 98%。目前，城市以及农村的家庭宽带网速分别高达 50Mbps 和 12Mbps，接近半数的城市家庭用户网速高达 100Mbps，部分发达城市家庭用户可以达到 1Gbps，同时有线电视网络平台覆盖比例超过 95%。随着新一代宽带信息网络覆盖面的持续扩大、网络传播速率的持续提高，各种新型信息服务和应用不断被激发，信息消费急速增长，为经济发展提供了动力。

随着互联网技术的不断发展，广告的传播速度、影响力和重要性日益提升。根据《中国经济年鉴（1981—2004）》中的数据显示，改革开放三十多年间，中国经济增长的两个高峰时段 1985 年和 1993 年，经济的年增长率分别为 25.01% 和 13.40%，这两个高峰点恰恰是中国的广告业急速增长的两个关键的高峰时间，年增长率分别达到了 65.76% 和 97.57%。中国广告产业增长与中国经济增长的同步性，进一步显示出二者的高度关联性。因此，互联网技术通过刺激广告业的发展，间接刺激了整个社会经济。对于新媒体产业而言，广告收入基本占其总收入的 40%—80%，是媒体产业收入的主要来源，因此广告收入维持了媒体产业公司的正常运转。广告业的蓬勃发展，不仅极大拉动了生产和消费，促进了整个市场的繁荣，推动了社会经济发展进程，直接为企业创造价值，并且在促进产业结构升级、传播价值观和社会文化方面起到了重要作用，为国民经济发展和精神文明建设做出了巨大的贡献。《中国广告产业发展 30 年的制度检视》的研究表明，中国广告产业的发展与中国经济的发展呈现很强的正相关性，其中，社会消费品零售总额与广告产业增长的相关性更强。我们可以解释为，中国经济与中国消费的增长拉动了中国广告产业的增长，反过来中国广告产业的发展对中国经济与中国消费的增长，起到了显著的促进作用。

9.3 简单的回归分析

本部分通过对传媒行业增长率、互联网行业增长率和整个经济增长率也就是 GDP 增长率建立向量自回归（VAR）模型分析三者之间的影响机制。向量自回归模型是一种比较常用的计量经济模型，在 1980 年由克里斯托弗·西姆斯提出。VAR 模型是用模型中所有当期变量对所有变量的若干滞后变量进行回归，从而估计联合内生变量的动态关系，而不带有任何事先约束条件。它是 AR 模型的推广，此模型目前已得到广泛应用。

传媒行业和互联网行业增长率采用行业的销售收入年度增长率，GDP 增长率采用每年的名义增长率，所有数据来自万德宏观经济数据库，分别由 $Media_\tau$、$Internet_\tau$、GDP_τ 表示。对三个变量建立如下一阶向量自回归

（VAR（1））模型：

$$\begin{bmatrix} GDP_t \\ Media_t \\ Internet_t \end{bmatrix} = A \begin{bmatrix} GDP_{t-1} \\ Media\ t-1 \\ Internet\ t-1 \end{bmatrix} + C + u_t$$

其中 A 是 3×3 一个系数矩阵，用以衡量内生变量之间的关系，C 代表外生变量，在该模型中定义为截距项。扰动项 u_t 服从经典假设。为避免出现谬误回归，首先对所有变量进行 ADF 平稳性检验，检验结果如下表所示：

表 9.1　变量的单位根检验

Variable	t – statistic	Critical value（5%）	Probability
GDP	– 3.6697	– 3.0810	0.0171
Media	– 3.8283	– 3.3210	0.0258
Internet	– 6.9843	– 3.0810	0.0001

因此，所有内生变量平稳，可以进行下一步估计。

对内生变量的向量自回归模型估计结果如下表所示，其中圆括号内表示系数的标准差，方括号内表示 t 统计量。

表 9.2　VAR（1）模型的估计

	GDP	Media	Internet
GDP（–1）	0.4083 (0.3535) [1.1550]	2.2217 (0.9814) [2.2259]	– 5.2092 (6.9447) [– 0.7500]
Media（–1）	0.2820 (0.1045) [2.6990]	– 0..673 (0.2900) [– 2.1974]	– 1.3622 (2.0523) [– 0.6637]
Internet（–1）	0.0205 (0.0216) [0.9495]	0.1563 (0.0599) [2.6102]	0.5313 (0.4239) [1.2535]
C	6.4371 (4.4959) [1.4317]	23.0601 (12.4810) [1.8476]	100.3944 (88.3183) [1.1367]

通过上表，传媒行业增长对 GDP 增长的影响显著为正，传媒业的增长可以拉动整个经济的增长。GDP 对下一期媒体行业的增长影响系数为2.22，因此经济的增长反过来会促进传媒业的增长。同时，互联网行业的发展对传媒业的销售收入增长的正向影响显著，因此互联网新媒体的发展会促进传媒业的发展。总之，经济、传媒、互联网三者的发展密不可分，相辅相成。

9.4　更好发挥新媒体产业对经济发展的带动作用

众所周知，新媒体是传媒产业的一部分，而新媒体又是国民经济的重要组成部分。新媒体的出现，是互联网和信息技术的高速发展而伴随产生的，体现了媒体产业的新型形态的出现，从另外一个意义上，也是媒体产业的转型升级的集中体现。依托互联网的新媒体生机蓬勃，虽然在一定程度上挤占了传统媒体的市场，因其可以突破传统媒体信息传递在即时性与互动性方面的局限，构建起以用户体验为核心构建模式，也开拓了传统媒体无法覆盖或开拓的市场，对我国传媒经济以致整体经济的发展产生重大的带动作用。

新媒体作为"鲇鱼"冲击了传统媒体，加剧市场竞争的同时也促进传统媒体与新媒体的融合。我们知道，新媒体的出现使得人人都可以有平台以较为自由化、即时性、交互式地发表意见，新媒体拓展了个人接触媒体信息的途径，从而使得个人更容易的获取媒体信息；另一方面，不同于传统媒体的受众较为泛化的特征，新媒体的参与性使得群体在原有基础上实现了进一步的平台与市场细分，借助于细分的独立群体的共同话题与资源，新媒体实现了之前传统媒体无法实现的局面，如能够高效率地满足不同细分群体的需求，例如博客、微博、人人网、豆瓣、果壳网、知乎为代表的现在流行的社交网络，珍爱网、世纪佳缘网为代表的婚恋网，水木清华、白云黄鹤等为代表的大学生网络社区甚至主题性的百度贴吧等。可以预见，随着时间推移，随着新媒体的出现，初期会出现新媒体与传统媒体此消彼长的局面,传媒市场的竞争会更加激烈,随着传统媒体适应了新媒体带来的"鲇鱼效应",传统媒体会与传统媒体相互融合,达到双赢与共同成长的局面。由此可知,技术革新及用户需求将驱动着传媒行业的格局发生新旧交替的同时,传统媒体也会"老树开新花",最终形成媒体市场壮大的局面。媒体经济作为整体经济的一部分,将带动整体经济的发展。基于这一认识,需要促进传统媒体与新媒体的融合。为此,沿着更好满足受众需求的导向,推动传统媒体与新媒体的融合,最终达到形成综合传媒体系的目标。沿着产业技术、多元化人才、传媒产品、经营管理、媒体品牌等链条进行全方位的融合,从而可以加强传媒产品的个性化、即时性、互动性,以提升用户体验,推出质量更高的传媒产品,进一步拓展传媒市场,带动整体经济的发展。

借助于数字化技术与互联网科技的发展,在整体上推进传媒产业的升级,进一步优化产业结构。新媒体凝聚了信息数字一体化的技术特点,呈现出了高度即时性与互动性的典型特征,由此新媒体产业可以不断驱动传媒产业向前发展,促进了我国传媒产业的在技术特点上、信息呈现上逐步地升级换代。例如,对于纸质媒体而言,开始实行数字化的转型,发展了手机报、报社官方网站公共化以及借助移动平台发展如今日头条、澎湃、财新网等新型媒体,由此报社增加了网站途径、移动媒体途径。除了增加媒体信息与受众接触的途径之外,升级后的媒体也可以提供更为多样形式(如视频、短视频)、更为丰富与细分的内容来吸引受众。电视购物刚开始出现时,电视便已逐步网络化发展。对于传统电视传媒而言,受众被动观看电视节目时,将被在一时间段强制加入赞助广告,网络化的出现使得受众也无须在电视台节目播出时间段收看节目,可以避开节目插播广告,由此大大影响了电视产业广告的价值。基于这一趋势,电视产业的发展势必须与网络深度融合,开启新的广告插播模式,典型地,电视节目可以在视频网络上转播,由此可以更好满足受众不定时不定点以及下载、点播等观看功能,在提高节目(视频)收视率的同时提升中间广告价值。基于这一趋势性认识,我国需要着力加快传统媒体、新媒体与科技产业的有机结合。为此,需要形成科学有效的流程与机制,集聚经济资源并扩大关联性创意，同时构建科学的创新评估体系，基于此对创新的传媒项目的可行性进行有效评估，不断在创新基础上形成持续竞争力。推动我国相关基础制度的推陈出新，为传媒经济发展提供更适宜的制度环境。值得注意的是，新媒体可以在另一个维度上对经济产生影响。新媒体使得人人均可充当信息发布者，由此使得新媒体成为监督政府职能更为高效的监督平台，或者在网络上对政府工作提出有益的意见和建议，甚至通过新媒体检举曝光腐败与犯罪案件，能够在一定程度上减少或者威慑腐败与犯罪行为，从而有利于市场经济体制的健康运行。制定更多传媒改革、发展和创新方面的配套政策，尤其是当前"互联网＋"思维、"互联网＋"商业模式及经营理念推广的制度配套，加速推动新媒体产品快速进步，并基于此全方位推进大数据、云计算、智慧城市等业态纵深融合，着力打造"传媒＋互联网"产业链和生态圈。让新媒体的出现，更好地带动整体经济的发展。

第10章 中国新媒体产业国际竞争力展望

在经济全球化程度不断加深的大背景下，新媒体产业经济及其影响力已经成为各国综合国力的重要内容，新媒体产业也成为国民经济的新增长点。但目前我国新媒体产业水平与世界先进水平相距甚远，新媒体产业的国际竞争力相比之下处于非常不利的地位。因此，我们必须关注新媒体产业发展过程中的关键问题和难点，切实有效地提升新媒体产业的国际竞争力。

首先以国际新媒体产业及其分行业的发展现状为切入点进行研究，详尽地概述中国新媒体产业的发展现状以及发达国家的新媒体产业特点。在此基础上选取新媒体产业具有代表性的国家作为比较研究对象，从定性和定量两个角度对中国新媒体产业与几个其他国家的新媒体产业国际竞争力进行了总体比较分析，并给予了综合评价。研究结果表明，我国新媒体产业在近几年虽然有了一些长足的进步，但与已经成熟的国际市场相比，我国新媒体产业处于起步阶段，新媒体产品在国际市场上处于边缘地位，我国新媒体产业国际竞争力较弱。本书借鉴迈克尔·波特（Michael Porter）的著名的竞争理论，通过分析产业内五种竞争作用力，建立了中国新媒体产业国际竞争力的综合评价指标体系。并运用格栅获取和模糊 Bodra 数法等建立了模型，对我国新媒体产业的国际竞争力进行了评价，从全球化的视角，对我国新媒体产业的国际竞争力进行了研究，本书得到以下的启示：

（1）在基础竞争力方面，要加强人才培养体系，注重内容创新。新媒体产业是一个交叉型、边缘性的新兴产业，又是一个深度依赖于知识、创意和技术的产业，新媒体人才必然是新媒体产业内容创新的重要保证。世界新媒体产业大国都十分重视对新媒体产业人才的培养，人才队伍成为新媒体产业发展过程中的重要支撑体系。美国对于新媒体产业人才实行"引入和培育"两手抓，美国凭借其雄厚的经济实力和文化环境，从世界各国吸引了大量优秀新媒体产业人才。英国在 1998 年建成了全国性的教育门户网站—全国学习网络（NGFL），连通了所有的学校与教育机构以及博物馆等教育资源。日本人才培养一方面通过学校教育来实现，另一方面积极与企业结合，培养实用性人才。这些国家对新媒体产业人才的重视得到了巨大的回报，数量多、素质高的新媒体产业人才队伍使这些国家在新媒体产业内容保持了竞争优势，极大地促进了本国新媒体产业的发展。

（2）在核心竞争力方面，要以科技创新促进新媒体产业国际竞争力。新媒体产业国际竞争力的提高离不开科技创新。科技不再是一种辅助性的工具手段，而是新媒体产业发展的一个重要依托。在国外，以各种高科技为载体的新媒体产品和服务，甚至影响到了人们的生活理念。新媒体产品借助于科技的力量，向全世界流通。每一个新媒体产品从生产开始，到产品传播、消费，每个环节都与技术密切相关。随着新媒体产业的不断发展，科技创新在新媒体产业中的作用变得愈发重要。基于高新科技平台上的网络游戏、动漫、数字娱乐产品等行业获得了高速的发展。注重科技与新媒体的融合，发挥技术带动作用是世界新媒体产业大国的一条重要经验。

（3）在环境竞争力方面，应完备政策法律体系，明晰政府与市场的关系边界。通过对美、英、法、德、日、韩等国外新媒体产业发展情况的比较，笔者发现，这些国家新媒体产业国际竞争力相对较强的一个重要原因就是政策法律体系完备，国家通过政策法律体系来调控新媒体产业的发展，来界定政府与市场在促进新媒体产业发展中的边界。政策法律本身为新媒体产业的发展提供了雄厚的体制性力量。例如，美国新媒体产业法律体系相当完善，新媒体产业发展大多以法律的形式予以规范。美国对新媒体产业具有重大影响的法律法规主要有《联邦税收法》《无线电法》《1996年联邦电信法》等。这些法律法规都对新媒体产业市场起到了重要的规范作用，从而使政府局限于宏观管理领域，也就给新媒体产业发展提供了广阔的市场空间。同样地，英、法、德、日、韩等国也有专门的法律政策相继出台。各国政策法律的一个明显特点是：既有宏观性、全局性的新媒体产业基本法，又有中长期的战略规划和政策措施。在法律体系较为完备的情况下，政府的管理职能相对明确，政府运用的管理手段更多地体现为法律手段、经济手段，而非单一的行政手段。同时，政府退出的市场空间给予了行业协会更多的活动空间，能够有效地发挥"第三方"的作用。而且，国外新媒体产业以跨国公司为核心，通过项目运作的方式，吸引了大量的社会资金注入。借助于政府与民间两种渠道，世界新媒体产业大国在新媒体产业领域基本上形成了一个多元主体的投融资体系。

国外新媒体产业发展的经验表明，尽管国家新媒体产业的发展要受到基础竞争力、核心竞争力、环境竞争力等方面的制约，但政府在推进国家新媒体产业发展过程中具有独特的作用。世界新媒体产业大国在内容创新、科学技术、政策法律方面，都形成了一套与本国国情相适应并且行之有效的发展模式，从而极大地推动了本国新媒体产业的稳步发展。本书根据产业竞争力理论，建立新媒体产业国际竞争力评价指标体系，在这一体系下对比我国及发达国家的新媒体产业，并根据研究结果为我国新媒体产业的国际竞争力提升以及我国新媒体产业自身的发展等相关问题提出相应的发展策略。

从本书的研究结果可以初步得出结论：作为一种新型的产业经济形态，中外新媒体产业的发展具有共性。但国外新媒体产业体制是一种从市场经济体制中自然生长出来的产业结构，经历了一个长期的内生成长过程。我国的新媒体产业存在于由计划体制向市场体系转轨的过渡性环境中，发展路径由外部植入，国外经验不乏制度示范意义。本章旨在总结新媒体产业发展的国外经验，并结合我国新媒体产业的发展状况，确立我国新媒体产业发展的战略定位，提出助推我国新媒体产业可持续性发展的建议。我国是世界文化大国，一直以来文化影响力都非常广泛，这一新兴的新媒体产业的国际竞争力还是有很多提升空间的。但是政府定位必须调整，实施品牌战略，强化新媒体产品的市场营销；实施技术创新战略，提升新媒体产品品质；完善法律法规体系，出台相应政策，从而增强我国新媒体的国际竞争优势，提升我国新媒体产业国际竞争力。

在传统媒体产业与新兴媒体产业协同发展的过程中，传媒机构和企业的角色逐渐多元化。信息生产商、集成商、技术供应商、网络运营商日渐针对多元化市场、顺应媒体产业发展的趋势，通过对整个传媒产业链进行整合，形成了产业集群化的形态。传媒产业的集群化融合既可以通过上下游产业的纵向整合，也可以通过横向融合使得传媒企业形成同类集群，也可以通过对产业链条中不同部分的交叉融合形成产业集群。总之，集群化发展是两者在产业融合过程中的必然趋势。新旧媒体产而言的融合发展是行业发展的内在需求，随着传媒生态日益复杂，影响因素和不确定性不断增加，传媒与社会、政治、经济之间的互动愈发深入和频繁。新媒体和传统媒体将进入一个"携手发展"的阶段。

现代的市场和产业发展已形成一定的内在规律，依据市场与产业规律，我国新媒体产业要成为国民经济的重要支撑，在进行结构调整的同时也需要制度保障，并针对新媒体产业的特殊性进行制度创新。推进我国产业结构调整与产业转型，力争实现社会、经济、文化一体化的目标。研究如何提升我国新媒体产业的国际竞争力，同时，也充分研究了如何提高我国国民素质、促进社会功能发展的相关问题，本书的研究成果对于改变我国第三产业的产业机构有一定的积极作用。新媒体产业作为我国国民经济的重要基础之一，在理论层面以及制度环境上需要为其提供一个良好的实施软环境，本书对于新媒体产业主题框架下的研究提供了新的分析角度和具体方法，同时为我们国家新媒体产业政策的制定及修改完善提供了理论参考依据。新媒体产业作为新兴产业，需要政策上的预见性与前瞻性，本书在此方面可以提供一定的参考，对于研究我国新媒体产业的国际竞争力具有十分重要意义。

由于文化理念的不同，各国新媒体产品在文化内容、形式和产品认可上，以及更深层次的价值观念、意识形态上也有很大的区别。因而，以经济手段、产业手段进行国家间的新媒体竞争成为主要的手段，新媒体产业国际竞争力成为一个国家文化竞争力大小的一个信号。一国新媒体产业的发展，不仅影响着国内居民文化需求的满足程度、新媒体产业在国民经济中的地位和本国产业结构的变化，而且在一定程度上关乎世界新媒体格局。因此，新媒体产业国际竞争力，将影响到国际文化、经济、政治格局战略重组。

限于笔者水平，另外以上获取的数据也不够全面，还存在如下问题需要进一步更全面细致的研究。首先，本书试图建立的新媒体国际竞争力评价指标体系还有很多细节需要完善。笔者运用波特的竞争理论构建了评价新媒体产业国际竞争力的指标体系，然后运用层次分析法和基于模糊Board数的综合模糊评价分别评价了我国新媒体产业的国际竞争力。评价结果表明前一阶段我国的新媒体产业竞争力较弱，必须采取措施来加强。不过，指标体系还有不完善的地方，在下一步的研究中希望构建更完善的指标体系，得出更咧确的结论。其次，在关于发展思路的讨论中。本书主要为怎样提升我国新媒体产业国际竞争力提供了定性和定量依据和发展脉络，但这些在笔者研究基础上提出的发展脉络，还有待下一步更深入、更全面地研究，希望能给相应政策的制定提供更明确的依据。

参考文献

[1]A. Java, X. Song, T. Finin, and B. Tseng. Why we twitter: understanding microblogging usage and communities. In Proc. of the 9th WebKDD and 1stSNA – KDD 2007 workshop on Web mining and social network analysis. ACM,2007.

[2]Anomynous. The Continuing Struggle—for Culture's Sake[J]. Business Korea, 2001,(1): 34 – 35.

[3]B. A. Huberman, D. M. Romero, and F. Wu. Social networks that matter: Twitter under the microscope. arXiv:0812. 1045v1, Dec 2008.

[4]B. J. Jansen, M. Zhang, K. Sobel, and A. Chowdury. Micro – blogging as online word of mouth branding. In Proc. of the 27th international conference extended abstracts on Human factors in computing systems. ACM, 2009.

[5]B. Krishnamurthy, P. Gill, and M. Arlitt. A few chirps about twitter. In Proc. Of the 1st workshop on Online social networks. ACM, 2008.

[6]Benjimin M. Compaine, Douglas Gomery . Who Own the Media ? Competition and concentration in the mass media industry [M]. New Jersey: Lawrence Erlbaum Associate, 2000.

[7]Clean Tweets. http://blvdstatus. com/clean – tweets. html.

[8]D. Gruhl, R. Guha, D. Liben – Nowell, and A. Tomkins. Information diffusion through blog space. In Proc. of the 13th international conference on World Wide Web. ACM, 2004.

[9]D. Kempe, J. Kleinberg, and E. Tardos. Maximizing the spread of influence through a social network. In Proc. of the ninth ACM SIGKDD international conference on Knowledge discovery and data mining. ACM, 2003.

[10]D. Liben – Nowell and J. Kleinberg. Tracing information flow on a global scaleusing Internet chain – letter data. Proc. of the National Academy of Sciences, 105(12):4633 – 4638, 2008.

[11]Daya Kishan Thusuu, Intenational Communication :Continuity and Charge, London: Arnold, 2000.

[12]E. Almaas, B. Kovács, T. Vicsek, Z. N. Oltvai, and A. L. Barabási. Globalorganization of metabolic fluxes in the bacterium escherichia coli. Nature, 427(6977):839 – 843, February 2004.

[13]E. M. Rogers. Diffusion of Innovations. Free Press, 5 edition, August 2003.

[14]E. Reinikainen. Iran election cyber war guide for beginners. http://goo. gl/pZvi, June 2009.

[15]Everett M. Rogers. Technology Diffusion and the Global Village. in KwadwoAnkwa, CarlynA. Lin and Michael B. Salwen, Concepts and Cases of Communicaton, Wadsworth,2003.

[16]F. Benevenut, T. Rodrigues, M. Cha, and V. Almeida. Characterizing userbehavior in online social networks. In Proc. of ACM SIGCOMM Internet Measurement Conference. ACM, 2009.

[17]F. McCown and M. L. Nelson. Agreeing to disagree: search engines and their public interfaces. In Proc. of the 7th ACM/IEEE – CS joint conference on Digitallibraries. ACM, 2007.

[18]Flu Trends. http://www. google. org flutrends.

[19]Grantham, Bill. Some Big Bourgeois Brothel: Contexts for France's Culture Wars with Hollywood[M]. Luton: University of Luton Press, 2000.

[20]H. Chun, H. Kwak, Y. – H. Eom, Y. – Y. Ahn, S. Moon, and H. Jeong. Comparisonof online social relations in volume vs interaction: a case study of Cyworld. In Proc. of the 8th ACM SIGCOMM Internet Measurement Conference. ACM,2008.

[21]Hoskins, C., McFadyen, S., & Finn, A. Global Television and Film: An Introduction to the Economics of the Business [M]. Oxford & New York: Oxford University Press, 1997.

[22]HubSpot. State of the twittersphere. http://bit. ly/sotwitter, June 2009.

[23]IMD. The World Competitiveness Yearbook[M]. Lausanne: International Institute for Management Development, 2002.

[24]IMF. Balance of Payments Statistics CD – ROM[R]. New York: International Monetary Fund, 2004.

[25]J. Leskovec and E. Horvitz. Planetary – scale views on a large instant – messaging

network. In Proc. of the 17th international conference on World Wide Web. ACM, 2008.

[26] J. Leskovec and E. Horvitz. Worldwide buzz: Planetary – scale views on aninstant – messaging network. Technical report, Microsoft Research, June 2007.

[27] J. Leskovec, J. Kleinberg, and C. Faloutsos. Graphs over time: densificationlaws, shrinking diameters and possible explanations. In Proc. of the 11th ACMSIGKDD international conference on Knowledge discovery in data mining. ACM, 2005.

[28] J. Leskovec, L. A. Adamic, and B. A. Huberman. The dynamics of viral marketing. In Proc. of the 7th ACM conference on Electronic commerce. ACM,2006.

[29] J. Leskovec, L. Backstrom, and J. Kleinberg. Meme – tracking and the dynamics of the news cycle. In Proc. of the 15th ACM SIGKDD international conferenceon Knowledge discovery and data mining. ACM, 2009.

[30] L. Page, S. Brin, R. Motwani, and T. Winograd. The pagerank citation ranking: Bringing order to the web. Technical Report 1999 – 66, Stanford Info Lab, November 1999.

[31] M. Cha, A. Mislove, and K. P. Gummadi. A measurement – driven analysis of information propagation in the Flickr social network. In Proc. of the 18th international conference on World Wide Web. ACM, 2009.

[32] M. E. J. Newman and J. Park. Why social networks are different from other types of networks. Phys. Rev. E, 68(3): 036122, Sep 2003.

[33] M. Kendall. A new measure of rank correlation. Biometrika, 30(1 – 2):81 – 93, 1938.

[34] M. McPherson, L. Smith – Lovin, and J. M. Cook. Birds of a feather: Homophily in social networks. Annual Review of Sociology, 27(1):415 – 444, 2001.

[35] Markus Andreas Schoneberger:Der Fall Leo Kirch. In:Die politisce Meinung (2002) 8 S. 85 – 95

[36] Media Now: Communications Media in the Information Age,2002.

[37] Pippa Norris,A Virtuous Circle:Political Communications in Postindustrial Societies, New York:Cambridge University Press,2000, Chapter 2.

[38] R. Crane and D. Sornette. Robust dynamic classes revealed by measuring theresponse function of a social system. Proc. of the National Academy of Sciences, 105(41): 15649 – 15653, 2008.

[39] R. Fagin, R. Kumar, and D. Sivakumar. Comparing top k lists. In Proc. of the

14th annual ACM – SIAM symposium on Discrete algorithms. Society for Industrial and Applied Mathematics, 2003.

[40]R. Kumar, J. Novak, and A. Tomkins. Structure and evolution of online social networks. In Proc. of the 12th ACM SIGKDD international conference on Knowledge discovery and data mining. ACM, 2006.

[41]R. Pastor – Satorras, A. Vespignani. Epidemics and immunization in scale – free networks. arXiv:cond – mat/0205260v1, May 2002.

[42]S. Milgram. The small world problem. Psychology today, 2(1):60 – 67, 1967.

[43]See Klaus Jensen, ed., A Handbook of Media and Communication Research: Qualitative Methodologies, London and New York: Routledge, 2002, p. 220.

[44]Timothy J Havens. Exhibiting global television: On the business and cultural functions of global television fairs[J]. Jounal of Broadcasting & Electronic Media, 2003, (1): 18 – 35.

[45]U. S. Department of Commerce. Statistics Abstract of the United States[R]. Washington. D. C: U. S. Department of Commerce, 2003.

[46]UNESCO. International flows of selected cultural goods and services, 1994 – 2003 [R]. Montreal :UNESCO Institute for statistics, 2005.

[47] WEF. The Global Competitiveness Report [R]. Geneva: World Economic Forum, 2002.

[48]Y. Y. Ahn, S. Han, H. Kwak, S. Moon, and H. Jeong. Analysis of topological characteristics of huge online social networking services. In Proc. of the 16th international conference on World Wide Web. ACM, 2007.

[49] [美] 迈克尔·波特. 竞争论 [M]. 中信出版社, 2003。

[50] [美] 迈克尔·波特. 竞争战略 [M]. 华夏出版社, 1996。

[51] [美] 迈克尔·埃默里、埃德温·埃默里著 [M]. 展江、殷文主译: 美国新闻史: 大众传播媒介解释史, 新华出版社, 2001。

[52] [美] 保罗·A. 萨缪尔森, 威廉·D. 诺德豪斯. 经济学 (上) [M]. 中国发展出版社, 1992。

[53] [美] 凯瑟琳·米勒, 组织传播 [M]. 袁军等译, 华夏出版社, 2000。

[54] [美] 斯图尔特·克雷那. 全球企业并购大师鲁伯特·默多克 [M]. 上海远东出版社, 2001。

［55］芮明杰，陶志刚．中国产业竞争力报告［M］．上海人民出版社，2004。

［56］郑保卫，唐远清．试论新闻传媒核心竞争力的开发，论媒介经济与传媒集团化发展论文［M］．中国人民大学出版社，2003。

［57］巢乃鹏．试论我国媒体网站的发展战略［J］．新闻知识，2003（05）。

［58］陈卉，姜道国．林纸业产业组织结构矛盾分析［J］．中国造纸，2002，21（5）：67 – 70。

［59］陈秀山．现代竞争理论与竞争政策［M］．商务印书馆，1997.3 – 13。

［60］陈志，李钢，金碚．产业竞争力理论研究新进展［OL］．中国网，china. com. cn。

［61］池大冶．手机报业务发展影响因素，http：//research. cnnic. cn/html/1245724381d715. html。

［62］邓爽．报业网站数字化商业模式探析［J］．青年记者，2008 年 5 月。

［63］丁和根．基于核心能力的传媒竞争力战略［J］．新闻界，2004（04）。

［64］范东升．美国报业数字化带来的启发［N］．人民网，2007 年 9 月 18 日。

［65］付晓燕．新浪网络新闻模式初探［J］．新闻爱好者，2006（12）。

［66］郭全中．手机媒体的现状与未来［J］．新闻与写作，2010（8）。

［67］何加正．新闻网站的现状和未来发展［J］．新闻战线，2001（09）。

［68］江涌．网络：看不见的新战线［J］．求是，2010（13）。

［69］姜凤羽．数字化报业转型带来的感受．新浪财经，2006 年 11 月 15 日。

［70］金碚．竞争力经济学［M］．广东经济出版社，2003（5）：1 – 39。

［71］康燕．中国传媒产业发展方向与策略选择［D］．中国博士学位论文全文数据库，2010，（11）。

［72］3G［OL］．百度百科，http：//baike. baidu. com/view/808. htm。

［73］匡文波．手机媒体概论［M］．中国人民大学出版社，2006。

［74］李春声．地方新闻媒体网站的本地化策略［J］．青年记者，2003（05）。

［75］刘平洋．中国产业国际竞争力分析［J］．经济管理，2003，261。

［76］刘小铁，欧阳康．产业竞争力研究综述［J］．当代财经，2003（11）。

［77］闵大洪．2005 年的中国网络媒体［J］．南京邮电大学学报（社会科学版），2006（01）。

［78］闵大洪．点击 2005 年的中国网络媒体［J］．新闻与写作，2006（02）。

［79］闵大洪．新闻网站，走过 2004 年［J］．新闻实践，2005（01）。

［80］闵大洪．中国网络媒体的生态环境［J］．新闻实践，2001（04）。

［81］闵大洪．中国报业数字化的成就与前瞻［J］．传媒，2006（2）。

［82］彭兰．新媒体：大有可为的公共信息平台［J］．中国记者，2006（02）。

［83］郭小平．论视听新媒体传播的社会影响［J］．中国电视，2009（03）。

［84］苏东水．产业经济学［M］．高等教育出版社，2000。

［85］王纯．新闻网站的核心竞争力［J］．青年记者，2006（02）。

［86］王菲．媒介大融合：数字新媒体时代下的媒介融合论［M］．南方日报出版社，2007。

［87］王高翔．新媒体时代的传媒发展之道［D］．中国优秀硕士学位论文全文数据库，2008（08）。

［88］王与君．中国经济国际竞争力［M］．江西人民出版社，2000。

［89］王文静．全面数字化：广电的新媒体冲动［J］．中国数字电视，2007（4）。

［90］徐声星．中国造纸产业国际竞争力研究［D］．中国博士学位论文全文数据库，2008（10）。

［91］严励．论地域性新闻网站的建设与发展［J］．河南社会科学，2005（01）。

［92］喻国明．中国传媒软实力发展报告［M］．同心出版社，2009。

［93］张贺．中国软实力如何硬起来［J］．人民日报，2010年7月23日。

［94］赵启正．中国面临的国际舆论环境［J］．世界知识．2004（5）。

［95］赵文婕．打造手机媒体国家队——人民网进军手机媒体的实践与思考［J］．新闻与写作，2010（8）。

［96］2009年中国移动互联网与3G用户调查报告．2009年10月27日，http://www.cnnic.net.cn/uploadfiles/doc/2009/10/27/102735.doc。

［97］美国IPTV高速发展与用户需求和占有率成决定因素，网络（http://www.58zm.com/）。

［98］朱春奎．产业竞争力评价方法与实证研究［D］，北京国家图书馆，2002。

［99］栾轶玫．2006新媒体年度盘点［J］，当代传播，2007（2）。

［100］柳斌杰．新媒体现状与趋势［J］，青年记者，2007（4）。

［101］熊澄宇．整合传媒：新媒体进行时［J］，国际新闻界，2006（7）。

［102］陆地．中国电视产业的危机与转机，中国人民大学出版社，2002。

［103］国务院新闻办公室．国新办举行2011年各项工作进展情况发布会。

［104］许晶．浅析公民网络政治参与［J］．长沙大学学报，2011（3）。

［105］厉国刚.网络炒作的成因与社会影响［J］.传媒观察袁2011（3下）。

［106］赵立涛.中国出版产业集团化及其国际竞争力研究［M］.哈尔滨工程大学博士论文，2006－03－01。

［107］吕明元.论具有国际竞争力的产业成长［D］.南开大学博士论文，2005－04－01。

［108］朱小娟.产业竞争力研究的理论、方法和应用朱小娟首都经济贸易大学博士论文，2004－05－01。

［109］王龙中.国汽车产业国际竞争力研究［D］.武汉理工大学博士论文，2006－03－01。

［110］刘春香.中国农业国际竞争力研究［D］.浙江大学博士论文，2005－04－01。

［111］曾玉筠.株硬集团市场竞争力分析［D］.中南大学硕士论文，2005－11－01。

［112］赖武凌.外资对福建物流业竞争力的影响研究［D］.福州大学硕士论文，2006－04－01。

［113］石涛.基于要素禀赋、市场分割视角的区域汽车产业竞争力研究［D］.吉林大学博士论文，2008－10－22。

［114］严红梅.我国文化创意产业国际竞争力探析［J］.特区实践与理论，2011－11－25。

［115］鹿永华.提高我国优势农产品国际竞争力的研究［D］.中国农业科学院博士论文，2005－11－01。

［116］张金昌.国际竞争力评价的理论和方法研究［D］.中国社会科学院研究生院博士论文，2001－05－04。

［117］康路.新媒体经济与文化产业发展［J］.艺术百家，2008－10－15。

［118］霍步刚.国外文化产业发展比较研究［D］.东北财经大学博士论文，2009－06－06。

［119］张键，杜晓力.产业国际竞争力研究及对我国农业的影响［J］.国际经济合作，2004－01－20。

［120］刘钢.我国新媒体产业发展瓶颈及对策［J］.国际贸易，2008－02－20。

［121］李隽.中国新媒体行政法律制度刍议［J］.广播电视信息（上半月刊），2007－07－15。

［122］王雪梅．环境保护对我国造纸产业国际竞争力影响的研究［D］．北京，林业大学博士论文，2007 – 10 – 01。

［123］佟志成．新媒体时代广播媒体与网络新媒体的良性竞争［J］．科技传播，2011 – 12（上）。

［124］汤博为．微博新媒体时代的公共利益与公民权利——基于宪法学和创新社会管理机制的思考［J］．四川理工学院学报（社会科学版），2012（3）。

［125］王安琪．文化产业竞争力研究述评［J］．生产力研究，2011 – 11 – 15。

［126］叶文忠，刘友金．基于集群创新优势的区域国际竞争力研究——一个分析框架的提出与构思［J］．社会科学家，2005 – 11 – 28。

［127］郝京清．英国新媒体市场概况［J］．农业图书情报学刊，2003 – 07 – 30。

［128］郭小平．欧洲视听媒体规制变革对我国"三网融合"的启示［J］．现代传播（中国传媒大学学报），2010 – 05 – 15。

［129］庞井君．中国视听新媒体的现状与发展趋势［J］．新闻战线，2011 – 09 – 15。

［130］朱金周．我国 IPTV 现状与发展趋势［J］．人民邮电，2008 – 12 – 12。

［131］王柳．探析新媒介环境下企业形象塑造的多元化路径［J］．东南传播，2011 – 08 – 30。

［132］范娟霞．文化产业竞争力评价指标体系研究［D］．湖南大学硕士论文，2008 – 10 – 20。

［133］周笑．美国新媒体产业最新发展趋势研究［J］．电视研究，2011 – 06 – 05。

［134］张仪．2012：我国新媒体产业发展的最佳时期［J］．卫星电视与宽带多媒体，2012 – 04 – 20。

［135］国家"十一五"时期文化发展规划纲要（全文）（二），见中国选举与治理网。

［136］薛国林．国外微博管理经验借鉴［J］．人民论坛，2012 – 02 – 20。

［137］陈兵新．媒体产业发展的现状、问题与突围［J］．中国广播电视学刊，2009 – 11 – 20。

［138］吴红晓．涉足手机媒体，您该在哪儿发力？［J］．中国新闻出版报，2012 – 02 – 28。

［139］杨状振．国外 IPTV 产业运营模式研究［J］．中国传媒科技，2008 – 02 – 15。

［140］包东智.我国新媒体产业将走向融合［J］.世界电信，2011－08－15。

［141］鞠立新，张建华.新媒体产业发展的制约因素与发展策略［J］.新闻与写作，2011－12－05。

［142］鞠立新，张建华.我国新媒体产业发展的现状、制约因素及对策［J］.新华文摘，2012（4）。

责任编辑：邵永忠

封面设计：源　源

责任校对：吕　飞

图书在版编目（CIP）数据

中国新媒体产业国际竞争力研究／鞠立新 著．—北京：人民出版社，
　2019.10

ISBN 978 - 7 - 01 - 020693 - 6

Ⅰ．①中… Ⅱ．①鞠… Ⅲ．①传播媒介—产业发展—国际竞争力—
　研究—中国　Ⅳ．①G219.2

中国版本图书馆 CIP 数据核字（2019）第 076579 号

中国新媒体产业国际竞争力研究

ZHONGGUO XINMEITI CHANYE GUOJI JINGZHENGLI YANJIU

鞠立新　著

人　民　出　版　社　出版发行

（100706　北京市东城区隆福寺街 99 号）

北京中科印刷有限公司印刷　新华书店经销

2019 年 10 月第 1 版　2019 年 10 月北京第 1 次印刷
开本：710 毫米×1000 毫米 1/16　印张：10
字数：160 千字

ISBN 978 - 7 - 01 - 020693 - 6　定价：40.00 元

邮购地址　100706　北京市东城区隆福寺街 99 号
人民东方图书销售中心　电话（010）65250042　65289539